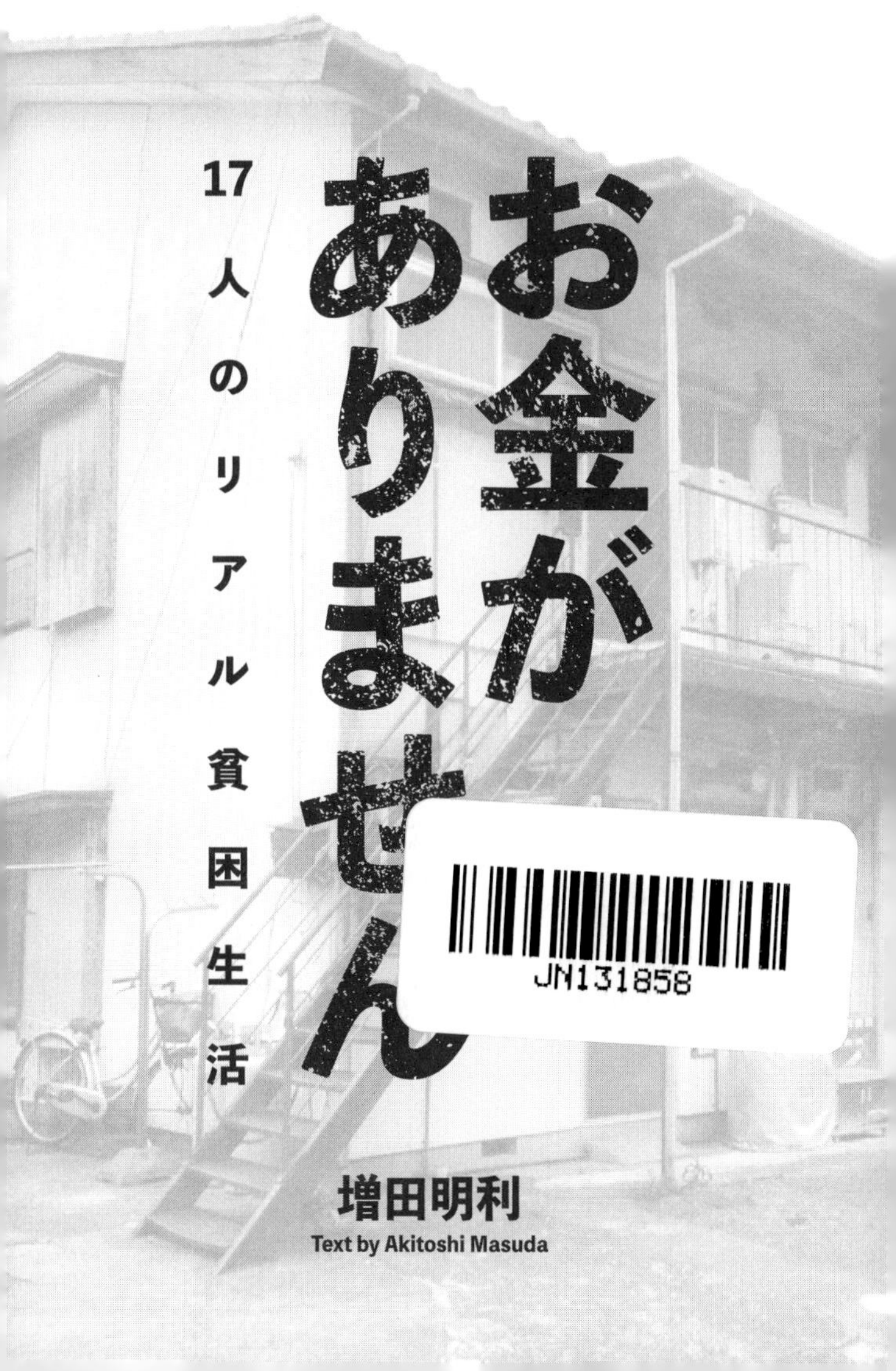

お金がありません

17人のリアル貧困生活

増田明利
Text by Akitoshi Masuda

はじめに

自分は中流の生活をしている。日本は世界3位の経済大国で、飢え死にした人なんて聞いたことがないし暴動も起きていない。格差だ、貧困だなんて騒いでいるのはごく一部の人が大袈裟に言っているだけ……。こんなことを思っている人が多いのだろうが、実は日本はとんでもない貧乏国に転落していたようだ。

「生活がやや苦しい、大変苦しい」と答えた世帯は54・4％（19年国民生活基礎調査）。金融資産なしの世帯は22％（21年金融広報中央委員会）。年収300万円以下の人は1978万人で全体の37・7％（20年民間給与実態統計調査）。生活保護受給者は164万世帯で202万人（22年4月厚生労働省）。経済生活問題で自殺した人は3376人（21年自殺統計）。平均賃金は447万円で、韓国の477万円より30万円も安い（21年OECD調査）……。

もはや日本は豊かな国ではなくなったということだ。

ところが日本では貧しさや貧困の実態は見えにくい。NPOや労働組合、宗教団体などが実施する炊き出しや生活相談の様子をたまに報道で見聞きするぐらい。また困難な状況にある人も、それを声に出して助けを求めるのは恥と考える傾向があり黙っている場合が多い。

更に、人の目を気にする社会だから、1日1食がやっとでも衣服や外見は普通にしており、その人が貧しさに喘いでいるとは分からないこともある。街中を徘徊しているホームレスは極めてまれな人と思っているかもしれないが、貧困は確実に拡がっている。

日本も欧米同様の格差社会になったと言われてかなり経つが、格差社会ではスタート時点で大きな差がつく。周回遅れでスタートする者が先行する人に追い付き、追い越すというのは容易ではない。修正できず、這い上がれずに貧困が固定化され、努力や志だけではどうにもならない人たちが増え続けているのに、無視されている。それどころか真面目に働かない駄目人間と扱われていることさえある。

今回、ワーキングプアや貧困層と言われる人たち、それに近いところにいる人たちに話を聞くことができた。いつもお金のことを心配し、100円、200円のために涙ぐましい節約術を駆使する生活。我慢に我慢を重ね、一切の贅沢ができないギリギリの生活を続けていると、どんな心理状態になるのか。こういった生の声を届けたいというのが本書のテーマだ。

貧困の入口はそこかしこにある。貧困に陥った原因は何か、今はどんな暮らしをしているのか、どんな問題に直面しているのかを直視してほしい。もしかしたらあなたの身に降りかかるかもしれないのだから。

お金がありません
17人のリアル貧困生活

目次

第1章　せめて人並みに暮らしたい

第2章　貧乏暇なし

第3章　終わらない節約生活

第4章　生きるためには金が要る

※本書はノンフィクションルポルタージュであり、登場する人物のストーリーには脚色を加えていませんが、プライバシー保護の観点から氏名は仮名としてあります。

【第1章】

せめて人並みに暮らしたい

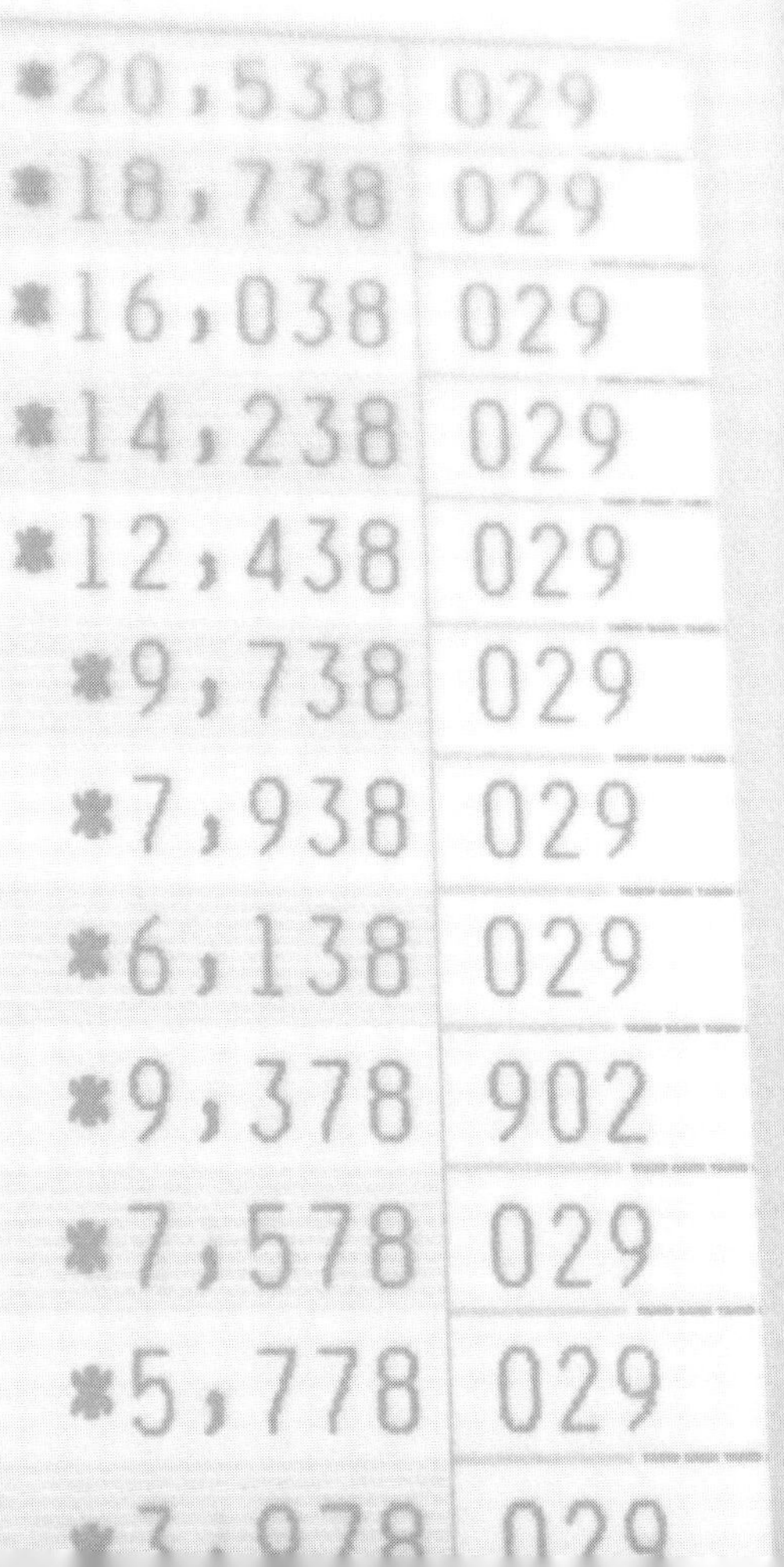

派遣の貧格

No.1

永島倫子（33歳）
出身地：愛知県豊田市　現住所：埼玉県志木市　最終学歴：大学卒
職業：アルバイト掛け持ち　雇用形態：非正規　収入：月収約17万円
住居形態：賃貸アパート　家賃：5万3000円　家族構成：独身　支持政党：特になし
最近の大きな出費：冬物衣料品のクリーニング代（3620円）

事務系派遣から抜け出せない

派遣先を雇い止めされて失職したのが20年8月。新型コロナの影響は大きく、派遣会社から次の派遣先の紹介はない。仕方ないからアルバイトをしているが生活は日に日につらくなっている。

「半年先はどうなっているか考えるとブルーになります、本当に先が見えないから。

わたし、何をやっても上手くいかないんです」

　大学を卒業したのは11年3月。最初のつまずきはこのとき。就職先は決まっていたが東日本大震災の余波でまず入社延期ということにされてしまった。これがケチの付き始めだった。

「貨物運輸の会社だったのですが、4月入社から10月入社に半年延期するということにされたんです」

　不安は大きかったが、望みを捨てずに飲食店や物販店でのアルバイトで暮らしていた。そんな中、業績の回復が遅れているので採用は白紙撤回するという紙切れ1枚で望みを絶たれた。

「ハローワーク、ヤングハローワークに通いましたが、良さそうな会社や仕事は少数で応募しても不採用の連続でした」

　フリーターはまずいと思い、方向転換して事務系派遣の道へ。スタッフ登録したら1ヵ月もしないで派遣先が紹介された。

「業界大手の派遣会社だけあってクライアントは大手著名企業が多かったです。自分の出身大学を考えたらまず入社できないところばかりだったから、何か得したような錯覚を覚えました」

最初の派遣先は非鉄金属の大手で、職場は憧れの丸の内のオフィス。

「担当業務は文書ファイリング、データ入力、伝票作成など一般事務職の仕事です。これは派遣先が変わっても同じでした」

2年6ヵ月経った頃に電機メーカーの研究所に移され1年9ヵ月ほど働いたが、交通事故に遭って左足首を骨折する不運に見舞われた。

「全治2ヵ月という診断でした。これで派遣打ち切りです」

治療費は相手の自動車保険で賄われたし、失職して得られなかった収入も補償してもらえたが、痛い思いをする、失業するで踏んだり蹴ったりだった。

「完治後に就職活動したのですがやはり上手くいかず、また派遣会社に連絡を取り、何とか派遣先をあてがってもらったんです」

紹介された派遣先は生命保険会社。やはり担当業務は事務処理全般。

「時給は派遣1年目が1460円でした。ずっとこの金額だったのですが人手不足と言われるようになってから小刻みに上がり、最高は1520円でした」

時給設定は絶妙でとびきり良くはないが、一般的なアルバイトよりはかなり高額。

時間外手当は5時間分までは出してくれたので月収は24、5万円は確保できる。

「だけど年収は300万円が限度です。手当はないし賞与もない。休みが多いとノーワークノーペイなので仕方ありません」

やはり直接雇用の方がいい、正社員の方が絶対に得だと感じ、派遣社員をやりながら改めて就職活動をしてみたが結果が伴わない。

「現実には年齢制限がありますから。30歳近くなると採用対象にならない感じでした。こういうわけで派遣から脱却できませんでした」

新型コロナが流行り始めた頃は、大手自動車会社の関連会社に派遣されていたのだが、突然雇い止めにされた。

「派遣会社のコーディネーターが言うには、クライアントさんの事情ということだけでした。1ヵ月後ぐらいに新聞に自動車会社本体に関する記事が載っていて、本社のスリム化、効率化を急ぐと書いてあった。おそらくですが本社の人数を削るために関連会社や子会社に異動させる、だから派遣には出ていってもらう。そういうことだと思いました」

トコロテン式に下の人間が切られた。そういうことだが身分は派遣会社の登録スタッフなのだから文句も言えない。

失職したのは20年8月半ば。お盆休み前が最後の出勤だった。

「派遣会社からは次の派遣先を探すのには時間がかかると言われて。失業手当を受けながら自分でも次の働き口を探したのですが思うようにいかず……。失業手当が終了してからは短時間のアルバイトを組み合わせてどうにか暮らしています」

ゆとりのないアルバイト掛け持ち生活

とはいえコロナが収束していないのだから、アルバイトを探すのは簡単ではない。

「働ける日数、1日当たりの勤務時間が限られるんです。1つのアルバイトで1日4時間、週4日勤務。こんな感じです」

これでは月収7万円がいいところ。とても生活できないから曜日、時間帯をずらしてもう1つ、更に夜間のみの仕事を週3日追加。3つ合わせてようやく月収17万円という状態だ。

「1日に3つの仕事を掛け持ちすると身体には負担です。体調があまり優れないときはパンクしそうになります」

今のスケジュールはというと、朝8時から正午までは食品ミニスーパーで接客・販売、商品陳列など。帰宅して午後2時から6時まではホームセンターで配送手配、リサイクル処理などに関する事務作業。更に月水土の3日間は夜7時から10時まではファストフード店のカウンターで販売業務。

「3つ重なった日の夜はクタクタで何もしたくない。帰宅できるのは23時頃なので食事するのも億劫です」

食べないと身体が持たないから無理して何か口にするが、冷凍保存してあるご飯を解凍してインスタントみそ汁をかけたねこまんま、食パン2枚とコロッケ1個、玉子1個入れただけの煮込みうどんなどで手のかかる料理は作れない。

「疲れているときはお風呂も面倒になります。シャワーを浴びるだけです」

午前中の仕事がない日は起きるのが11時頃。10時間近く眠ってようやく少し元気になる。

「月に3日、ないし4日は完全にお休みという日があるのですが、どういうわけかお腹が空いて仕方ないんです。三度の食事以外にクッキー、スナック菓子、カップ麺、バナナなどを食べてしまうことがあります」

食欲不振とドカ食いの繰り返しで体重の増減が激しく、肌荒れやニキビができることもあるという。

「生活は今のところなんとかなっています。余裕はまったくありませんけど」

月収約17万円に対して支出はどうかというと、家賃とその他の固定費を合計すると7万7000円。更に社会保険料が約3万8000円で、残るのは5万5000円前後になる。

「ここから借金を返さなきゃならないんです。消費者金融とかカードのリボ払いじゃありませんよ。奨学金という名の借金です」

日本学生支援機構から貸与されたのは第二種奨学金で月額4万円。4年間で借りた総額は192万円にもなる。

「元利合わせた返済額は月1万1340円です」

返済は15年間180回払いなので返済総額は204万円ほど。

「これは何がなんでも返済しないといけません」

連帯保証人は父親、もう1人の保証人は兄。

「わたしが返済を滞らせたら父や兄のところへ請求書が行く。そんなことは絶対に避けたいから」

貧しいと孤独になる

手元に残った5万5000円から奨学金の返済分を抜くと、純粋な生活費として使えるのは4万3000円ほどだ。

「食費は絶対に1万8000円以内に収めるようにしています。だから買い物は閉店間際のスーパーと100円ショップだけです。値段のことを気にせず欲しいもの、食べたいものを買いたいと思うことがあります」

最高の贅沢はアルバイト代が入ったときだけ行くサイゼリヤでの食事だが、税込みで1000円が上限。

お洒落とも無縁で、女性には必需品の化粧品も倹約対象だ。以前は資生堂や花王の化粧品を使っていたが、今は低価格のちふれ化粧品か100均で売っているものが定番。

「服はバザーで調達することがあります。リサイクル店より安いから」

幼稚園、社会福祉団体、宗教団体などが主催するバザーで手に入れたものは、ウインドブレーカー、セーター、ジャージなど。どれもタダ同然の金額だった。

「収入が少なく、自由に使えるお金がなくて一番つらいのは、人付き合いができなくなることです。貧しいと孤独になるんです」

まず大学時代の友人たちとはほとんど交際がなくなった。年賀状のやりとりぐらいだ。

「特に結婚した人、子どもが生まれた人とは話が合わなくなって、何となく疎遠になってしまいましたね」

今やっているアルバイト先の人たちとも個人的な付き合いは皆無。

「世間話的な会話はするけどそれだけです。本当に上っ面だけの関係ですね」

恋人はいない、友だちもいない、金銭的にも豊かではない。そうなると休みの日でも外出することなく部屋でツイッターを見ている。

「外出しなくなると自分と世間を繋ぐものはスマホだけになります。だけど滅入ることもありますよ。ＳＮＳを見ると有名人や起業家、自称投資家なんていう人たちがこれ見よがしにリア充ぶりを見せつけたり俺様自慢をしていますから、ああいうのを見ると劣等感を覚えちゃいます。自分とは人種が違うと思いますね」

もう派遣会社はあてにできないから時間を作ってハローワーク通いしている。だけどまだ新しい仕事は得られていない。

「不動産仲介会社の面接では、あなたの年齢では宅建士の有資格者で実務経験のある人が望ましいと言われてしまいました」

当日の夕方に不採用を知らせるメールが届き、翌々日には提出した書類を返送してきたそうだ。

「一般事務職の代用で派遣社員をやっていただけでは職歴とはみなされません。この先、どうなるのか不安です。本当に」

学生の頃は卒業したら普通に会社勤めをし、そのうち結婚。子どもができたら専業主婦に。35歳頃までにマイホームを買って中の上ぐらいの生活レベルを維持する。そんな人生が普通で自分もそうできると思っていた。だけど普通ははるかに遠いところにあり、今は日々の生活を営むだけで精一杯。こんな生活からは1日でも早く脱したいと願う。

No.2

終わらないヤドカリ生活

平河直樹（35歳）
出身地：茨城県北茨城市　現住所：千葉県習志野市　最終学歴：高校卒
職業：警備員　雇用形態：契約社員　収入：見込み月収で約24万円
家族構成：独身　住居形態：会社の寮　家賃：不明
支持政党：立憲民主党　最近の大きな出費：寝具購入（約1万3000円）

東日本大震災で失業、ブラック工場へ

寮付きの仕事を始めたのは震災直後の11年7月から。自前で住居を確保し、少しは安定的に働きたいと願っていたが、寮付き派遣をあちこち回るだけ。丸10年経った今回もありつけたのはやはり寮付きの仕事だ。

「川崎から津田沼への引っ越しなんですが家財道具はなにもありません。荷物は

リュックサックとスーツケース1個だけ。本当に体ひとつだから簡単なものです」

新しい仕事は警備員。警備会社の契約社員として採用され、千葉県内の大型商業施設で交通誘導と駐車場警備を担当することになった。

「前もその前もずっと製造業派遣でした。今度は契約社員だけど直接雇用、少しは出世したんですかね」

明後日から3日間は新任法定研修。無事に修了すれば正式な雇用契約を交わすことになる。

「10年前は今よりはるかにまともな暮らしをしていたんですがね……。落ちぶれたというか惨めなものですね。25歳の青年から35歳の中年オヤジになってしまった、嫌ですねえ」

震災が起きたときは茨城県北部にある木材加工・家具製造会社の正社員として働いていた。工場の作業職だが高校新卒で入社し勤続7年。名前だけだが主任の肩書も付き、私生活では高校の後輩になる女性との結婚も考え始めていた。それが震災ですべて水の泡になってしまった。

「会社は福島との県境近くにありまして、あの地震で本社も工場も全壊に近い惨状でした。津波の影響はなかったのですが再建は困難、自主廃業するということになった。これで失業しました」

再就職しようにも地元で採用してくれる会社がない。ハローワークに行ってもアルバイトや期間限定の仕事ばかりで時給は８００円程度。とてもやる気にはならない。

「農協の臨時雇い、ガソリンスタンドのサービスマンなどに応募してみたけど面接も受けられなかった」

失業手当はもう終わり、貯金もそう多くはない。そんなときに目にした派遣会社の募集案内は破格の条件で魅力的だった。

「月収30万円以上可、直接雇用への転換あり。地元のハローワークじゃめったにない好条件だと思いました」

派遣会社の説明会に参加し、そこで紹介されたのが愛知県の自動車部品会社。

「有名な自動車メーカーの系列会社で未経験可、寮完備、月収32万円となっていて。ここで生活を安定させようと思っていたので即決でした。１週間後には愛知県の工場で働き始めました」

ところが時間を置かずに「これはどういうことだ?」「言ってたことと違うじゃないか」という不信感が芽生えた。

「まず仕事がきつい。簡単な作業と機械操作と言われていたけど、単純動作を繰り返す流れ作業。正直、まったくつまらないものです」

毎日、機械の一部のように同じ作業を続けるだけ。前も作業職だったが多少は考えるし相談もする。ところが誰かと話すことはないし工夫したりすることも要求されない。まるでロボットだと思った。

「収入についても、実際それほど良くはなかったです。基本的に時給制で１２００円。30万円稼ぐには時間外60時間、休日出勤を２回やらないといけない。毎月２４０時間も働くのはしんどかった」

残業をせず土日・祝日は完全休養でやったら20万円にもならない。それどころかわがまま、生意気と言われ雇い止めされる危険もある。

「最高で月収34万円、手取りで29万円という月もあったけど労働時間は２７０時間ぐらいあった。もう自分の時間なんてほとんどなく、帰ったら寝るだけでした。今日は何日で何曜日だとかも分からなくなりましたね」

派遣は年齢に関係なく時給は一緒。21、2歳で月収30万円なら高いが30歳ぐらいなら普通。50歳だったら少ない方。こういうことも分かっていなかったのが良くなかった。

直接雇用云々についても、よほど運が良ければ有期の期間工になれるというもの。正規雇用は絶対になかった。

30代半ばで派遣切りに

「愛知の工場は2年6ヵ月で派遣打ち切りになってしまいました。1週間の空きがあったけど静岡の、やはり自動車関連の工場に移されました」

時給はまったく同じで仕事内容も製造作業。

「ここは1年半ぐらい忙しかったのですが生産調整があって暇になりました。まず残業がなくなり、次に1日の勤務時間が90分減って6時間30分になるといった具合です。最終月の労働時間は130時間まで減っていましたよ。月収は15万6000円ぐらいで手取りになるとやっと12万円ぐらいでした」

正社員も配置転換があったから、たかが派遣工が無事でいられるわけない。

「待機ってことにされまして、寮にこもっていました」

それでも世間的にはアベノミクスで好景気。人手不足もあったから1週間で次の派遣先を斡旋された。

「食品会社でしてね。同じ静岡県内にある冷凍食品の工場でコロッケだとか炒飯を作る工程で働いていました。ここも仕事量にばらつきがあり、多い月は30万円ぐらいの月収になるけど暇な月は20万円がやっとという感じだった」

ここも働けたのは2年9ヵ月。いい加減に腰を据えて働かせてくれと思ったがそれは不可能。だって派遣なのだから。

「工場のロッカー室に誰かが持ってきた求人情報誌が置いてあって、パラパラめくっていたら、派遣打ち切りになるその食品工場の求人情報が載っていた。具体的な会社名は伏せてあったけど場所、仕事内容、時給などを見ればここだと分かります。とても嫌な気分になりましたね」

この食品工場を出たあとは神奈川県にある精密機器メーカーの工場に移されて携帯電話の部品製造ラインに配置された。

「製品の最終チェックが担当業務でした。工場勤務だけどそれほどきつい仕事ではなかった。夜勤はなく残業も1日1時間から1時間半程度、だから収入は下がりました」

雰囲気は良かったし、派遣先の正社員とも親しくなれたのでもう少し働きたい気持ちがあったのだが丸2年経ったところで派遣終了となった。

「やっぱり年齢が問題なんでしょうか、その工場の派遣で40歳以上の人はいませんでしたね。自分も派遣がおしまいになる直前に35歳になっちゃいましたから。使う方としては若い人という希望があるのだと思います、仕方ない」

派遣会社の担当者に次はどこへ行くんだと尋ねたら「紹介できる仕事はない」という態度。「あんた、もう10年だろ。そろそろ辞めてくれないか」ということでクビ切りされたという次第だ。

「工場派遣の最後は使い捨てですからね。やらない方がいいし、やったとしても早く足を洗って次を考えないと。損をするのは自分なんだから。それは俺も頭では分かっていたんですが流されてしまった。失敗したと思います」

どうしてかというと派遣会社が上手く弱みを突いてくるから。

「失業しているとかフリーターやってますとかじゃ、部屋を借りるのもひと苦労なんです。工場派遣なら仕事と住まいがセットになっているから、採用されれば収入と住まいが確保できる。そうなると派遣の仕事は魅力です、何も持たずに寮に入れますから。交通費や生活応援資金を出してくれる派遣会社もありますしね」

布団をはじめとしてカーテン、家電品、ロッカーなどの家財道具は揃っているから体ひとつで入居できる手軽さがある。派遣先が変わって転居する場合も身の回りのものだけ持って移動できるからお手軽だ。

「きちんと部屋を借りて就職活動をすればいいんですが、一度派遣会社の寮に入ってしまうとなかなか出られない。部屋を借りて生活必需品を揃えることを考えると、やはり寮付きの派遣労働を選んでしまう。その結果がこれですよ」

直近に働いていた工場では、派遣は40歳未満が内々の決まりらしく、38歳ぐらいになると契約期間が終了したところでカットされていた。

「それを見ていたので次は俺が危ないと感じていました。なので職探しを始めたのですが上手くいきませんで……。面接できても話しぶりから地元の人で32、3歳ぐらいまでという感じでした」

ハローワークにも何回か通ったが、1時間以上も待たされた挙句、年齢のことをつべこべ言われる。

「一度寮付き派遣をやったら負のスパイラルに陥るってことです」

警備の仕事は求人情報誌で見つけたもの。公休日を使って2度面接を受け、どうにか採用してもらえたということだ。

派遣工生活を振り返る

ようやく派遣工から脱せられるが、強く思うのは「こんなことはやっちゃ駄目」ということ。まず収入がいつまで経っても安いまま。募集案内に出ているような金額はなかなか稼げない。

「収入の高い月、低い月があって年収で見たら300万円がいいところですよ。自分の場合、どこでどんな仕事をしても年収は290万円±10万円ぐらいだった。同じ仕事をしているのに安く使われている。直接雇用の期間工より100万円、正社員より150万円も低いのだから嫌になります」

金銭的な貧しさに加えて人間関係の貧しさも大きく感じたことだ。

「今回、切られて辞めることになったわけですが、一緒に働いていた人たちから労いの言葉なんてひとつもありません。正社員の人はもとより、派遣仲間も『じゃあな』でおしまいでした。ドライというか冷たいというか、人のことなんて知ったことじゃないという感じです。俺もそうですけどね」

同じ寮で暮らしていた人たちとも親しい関係にはならなかった。家族関係や家庭環境に関する話はタブーみたいなところもあって、付き合いは上っ面。2年間でまったく会話のない人もいたほどだ。

「中には変わり者というか、常識のない人もいますね。こういう奴だから50歳にもなって派遣工で転々としているんだなと思うような人も多かった」

挨拶もまともにできない人、手癖の悪い奴、ギャンブル好き、風俗好き、虚言癖のある人、派遣仲間から少額の金を借りたまま姿をくらました人、労働運動に夢中な左翼かぶれ……。全員がそうというわけではないが変わった人の出現率は高いと思う。

「派遣切りになったわけで、ふざけるなよって思いはあるけど、これでオサラバできるという安堵感もあるんです。これをいいきっかけにしたいですね」

寮付きの工場派遣をやるようになってから郷里に帰るのは正月とお盆だけ。両親、姉弟はともかく、他の親戚や地元の友人たちとはすっかり疎遠になってしまった。工場派遣をやって得たものや楽しかったことは何もない。こんな働き方をしないで暮らしていきたかった。

「派遣じゃなく直接雇用で働けるのは10年ぶり。次の目標は寮を出て自分で住まいを確保すること」

6畳のワンルームでもいいから自分で契約して家賃を払う。当たり前の暮らしを取り戻したいと願うばかりだ。

自営業者の苦闘

No.3

篠宮誠治（47歳）
出身地：千葉県市原市　現住所：東京都八王子市　最終学歴：専門学校卒
職業：精肉加工センター作業員（前職は飲食店経営）　雇用形態：契約社員
収入：月収約29万円　住居形態：持家、ローン返済額は月6万円
家族構成：妻、長女、長男　支持政党：特になし
最近の大きな出費：部分入歯の作り替え（約1万円）

客足が遠のいた町中華

一昨日が47歳の誕生日。まさかこの年齢になって別の仕事をするようになるとは思ってもいなかった。妻と2人で飲食店を営んでいたが順調だったのは5年ほど前まで。それからは下り坂になり、新型コロナでどうにもならなくなった。

「2年ほど前（2021年）までは多摩地区の街で中華料理店を営んでいました。個人商店みたいなものですが、それなりの儲けは出ていて生活に大きな不安はなかった。それなのにねえ……。どこに不幸の入口があるか分からないと思う」

調理師学校を卒業してホテルに就職。中華料理部門の見習いからスタートし15年修行して退職、中華料理店を開業し堅実経営でやってきた。

「赤字を出したことはなく、借金を作ることもなかった。自分では成功したというか、少なくとも失敗はしなかったと思っていた」

店を開いたのは最寄り駅付近に大学、専門学校が数校ある地区。大きな団地もあり、学生と団地住人がよく来店してくれていた。

「お馴染みさん、常連さんも付いてくれまして。週に2回は必ず来てくれるご夫婦とか、陸送関係の人で賑わっていました。学生君たちには少しサービスしてやったりしたものだから、気前のいいマスターって評判も上々だったんですよ」

売上げは毎月120万円を確保できていた。原価率は約30％なので食材費は35万円前後、店の賃料と水道光熱費の合計が20万円ぐらいだったので65万円ぐらいは残る。夫婦2人でやっているにしてはいい数字だった。

「昼と夜の間の中休みをやめて、年中無休にすればもっと儲けられるけど、働きすぎて身体を壊したら馬鹿みたいだし、家庭生活を考えたらこれで十分だった」

ずっと堅実経営でやってきたが周囲の状況が変わり、少しずつ翳《かげ》りが出てきた。

「最初の変化は最寄り駅から店があった一帯にかけての再開発事業です。これで人の流れが途絶えてしまいました」

バスターミナルと駅前広場の整備、テナントビルの建て替え。これらの工事が16年の中頃から始まり、交通規制と道路の一部封鎖などが実施されたのだ。

「まず店の前の通りは2車線だったのが1車線に変更されたんです。パーキングメーターも撤去されたものだから、常連だったタクシーやトラックのドライバーさんが来てくれなくなった」

最大の痛手は、駅前のロータリーから店まで続いていた道路が工事に伴って一部封鎖され、迂回路が作られたこと。これで地域の人たちの流れが激変した。

「駅の向こう側にある大学の学生は通りを一直線に来るだけだったのに、工事後は東側に70メートルぐらい行って、そこでUターンしなきゃならない。残念ながら、そこまでして来る店じゃありませんから」

店はごく普通の町中華店で名物的なメニューはない。ここでなければ食べられないという料理はないから、わざわざ遠回りしてまで来る人は少なかった。

「工事期間は1年4ヵ月ぐらいでしたかね。その間は30％以上の売上げ減でした」

工事が終わったら終わったで、建て替えられた複合ビルに多種多様な飲食店がオープンしたものだから、客足が完全に前のように戻ることはなかった。

コロナ禍で閉店を決意

「それでも何とか踏ん張ってたんです。苦しかったけど致命的というわけじゃなかった」

食材の調達先を見直したり、それまではやっていなかった出前を受けたりして減収分の3分の1ぐらいは挽回できていたが、そこに追い討ちをかけてきたのがコロナウイルス。これでどうにもならなくなった。

「都知事が営業するなっていうわけだから、手も足も出ませんよ」

それ以前に他者との接触を嫌う人が多く、都からの通達がある前から客数が落ち込んでいたのも事実。特に学生がリモート授業になったため登校しなくなり、まったく来店しなくなった。

「テイクアウトもやってみたんですが、商売になるほどではなかった」

数種類の弁当、一品料理を並べてみても売れ残りが出る日もあり、減った売上げの回復にはほど遠かった。

「規制が少し緩和されても客は定員の半分しか駄目。お酒は出すな、話はするな、夜8時で閉店しろでは商売にはなりませんよ」

感染者が増えたらまた自粛、少し減ったら緩和。いたちごっこだった。

「売上げで言うと最悪期は7割減という惨状です。世間全体がコロナ慣れしてきた頃に少し戻ってきましたが、それでもコロナ前の6割ちょっとという感じでした」

申請して協力金を支払ってもらったが焼け石に水。辛うじて赤字にはならなかった程度だった。

「ところが都の要請を無視して営業している飲食店もチラホラあって、これは面白くなかった。一部のスナックとか居酒屋は夜8時で出入口を閉めてネオンや看板灯を消すんですが、店の中には客が残っていて飲み食いさせている有様です。正直者が馬鹿を見ると思いました」

　自分の店も普通通りに商売しようかと思ったが、もし自分の店がクラスターの発生源なんてことになったら、どれだけ攻撃されるか分からないから我慢した。だけど国や自治体のやることは納得できないと怒っている飲食店は多いと思った。

「廃業を決意したのは2021年の2月です。年明けからまた感染者数が増えてきて、まん防適用ってことになりましたから、もうやっていけないと思いましたね。5月が店の賃借契約の更新なんですが続けていく自信がなかった。家賃は変わらずだったけれど更新料は必要。売上げの回復も見通せなかったから、ここはきりのいいところで閉めた方が無難だと思ったわけです」

　建て替えられた駅ビルに進出してきた飲食店は7店もあったが、天ぷら専門店、ステーキハウス、インド料理店が閉店し、そのあとは埋まっていない。同じ商店街で営業していた定食屋とラーメン専門店もいつの間にかなくなっていて、そのあとはずっとシャッターが下りたまま。こういうのを見ると、無理して続けたら危険だと感じたのだ。

「店の原状回復工事や粗大ゴミの処理費は預け入れていた保証金で賄えました。持ち出しはありません。借金もなかったのできれいに閉店できた」

贅沢はできない

閉店後は夫婦揃ってハローワーク通い。2ヵ月でなんとか働き口を確保できた。

「わたしは電鉄系スーパーの精肉加工センターで働いています」

仕事内容は牛、豚、鶏の肉やハム、ベーコンなどの加工品を店舗用にカットし、パック詰め、ラベル貼りをして専用の輸送箱に入れるという作業。

「契約社員ということでして。とりあえず社会保険には加入できている。だけど賃金は時給制なんですよね。住宅手当とか家族手当はない、ボーナスも退職金もありません。正社員じゃないから仕方ないのかな、釈然とはしないけど文句を言ってクビになるのは怖いし」

時給は1200円、ローテーション勤務で4週6休。残業が40時間ぐらい。先月の給料は約29万円で手取りだと25万円ぐらいになる。

「面接のとき、うちはメリットが盛りだくさんだと言われまして。何ですか？　って聞いたら社食はワンコイン、バイク通勤の場合はガソリン代支給だということでした。笑ったのは冷所での作業なので、背中や腹部に貼る分と長靴の中に入れる分のカイロを毎日支給する。至れり尽くせりだろって言っていましたよ」

奥さんの仕事はケアドライバーで、病院の患者送迎車の運転とサポートをしている。

「足腰の弱った高齢者、車イスを使っている人、松葉杖を使っている人などの家へ迎えに行き、治療や処置、リハビリが終わったら送っていく。病院内では移動の手伝いやトイレの世話なども受け持っているそうです。特に資格が必要ということじゃないらしい」

雇用形態はパートで勤務時間は8時30分~13時、14時~18時30分の2部制。時給は1100円ということだ。

「出勤日はシフト制で週4日。なので月収は7万5000円ぐらいですが、我が家にとっては貴重な収入だから感謝しています」

夫婦2人の手取り額を合計すると32万円ほどになるが、生活は楽ではない。最大の出費は住宅ローンの返済。

「一戸建てですが郊外の中古で、買ったのがリーマンショック後の不動産価格が下がったときだったから格安でした。頭金も多く入れられたので毎月の返済額は6万円です。家賃並みだけどあと12年払い続けないといけませんから」

固定資産税も年間7万円ぐらい課税されるので、持ち家であっても安心できない。

「子どもは上の娘が高2で下の息子が中1。これから教育費がかかるわけだから、もっと稼ぎたいんですよ。娘は敏感な子で、パパ、うちは大丈夫なの？　進学してもいいの？　って聞いてきたんです。親としては子どもにそんな不安を抱かせてしまって情けなかった」

こういう事情なので、本業が休みの日に日払い仕事をやってみたこともあったが、次の日はつらくて起きるのが大変だった。

「これじゃ過労死しちゃうと思って副業はやめました。今は無駄遣いしないことを第一にしています」

自家用車は維持費が大きいので売却し、今は家族全員が自転車を使っている。それも電動自転車ではなくホームセンターで買った中国製の特価品。これを家族4人で使い回している。

「正月早々にテレビが壊れちゃいましてね、買い換えたのですが、買ったのは同じインチ数でシャープや東芝より1万5000円も安かったフナイ製のものです。テレビなんて映ればいいんですよ、画質がどうとか言っていられませんから」

プリンターのインクはリサイクル品、乾電池は100円ショップで、晩酌の缶チューハイやカップ麺はまいばすけっとで買うのが定番。1円だって浮かせたい。

「早くコロナが収束してくれないかな……。社会が落ち着いたらまた店を再開したい、そう願っています」

それまでは我慢するだけ。そのうちいいことがあると思うしかない。

脱法ハウスで迎えたお正月

No.4

柴山和彦（28歳）
出身地：青森県八戸市　現住所：東京都台東区　最終学歴：高校卒
職業：日雇い派遣、日々紹介など　雇用形態：非正規　収入：日当８８００円～１万円
住居形態：シェアハウス　家賃：４万２０００円　家族構成：独身
支持政党：特になし　最近の大きな出費：防寒ジャンパー（３９８０円）

失業で寮を追い出される

ＪＲ線の某駅から徒歩10分ほどの場所にあるビル。かなり老朽化した5階建ての建物だ。見た目はどこにでもある雑居ビルだが造りはちょっと変わっている。出入口は外から見えない鉄板製の一枚ドア、開けると細い通路の横壁に40個近くの郵便受けがズラリと並んでいる。

「ネットの案内ではシェアハウスと謳っていたけど、実態は少し前から問題視されている脱法ハウスですよ」

ここに転がり込んできたのは21年の5月。とりあえずのつもりだったが年を越してしまった。

「青森の高校を卒業して地元の水産加工会社に就職したのが13年です。だけど人並みの暮らしや収入があったのは5年ぐらいでした」

18年の夏前に会社が倒産。約半年は地元で職探ししながらアルバイト的な仕事をいくつかやっていたが月収は10万円あればいい方。

「小遣い稼ぎみたいなことをやっていてもしょうがないので、19年の年初に製造業派遣という出稼ぎで関東に来たんです」

派遣会社から強く勧められたのが自動車メーカーの工場。

「有名な会社だったから、ここで生活を安定させようという思いが強かったですね。月収30万円以上というのも魅力だった。青森ではあり得ない金額だから」

住まいは派遣会社が契約しているアパートを寮としてあてがわれた。

「働き始めた当初は夜勤や残業が多かったので、かなり稼げました。寮費や社会保険料を引かれた手取りで25万円前後になったから」

　求人情報にあった月収30万円以上というのは、夜勤や残業を目一杯やって初めて達成できる金額。日勤だけで残業がなければ、手取りは13万円程度になってしまう。騙しに近い誇大広告だと思った。

「きつい仕事だったけど8ヵ月ぐらいはそこそこの収入を確保できていました。ところが減産体制になったものだから日勤だけの勤務になった。休みの多い月は諸々引かれた手取りが12万円切るぐらいに下がってしまいました」

　これでは満足に貯金もできない。寮の部屋には最低限の家具、家電はあったが新しい布団やテレビなどを買ったし、保険治療だが差し歯を2本作り替えたのであまり貯金を作れなかった。

「そのうち元に戻ると期待していたのですがずっと減産が続き、約1年4ヵ月ほど働いたところで派遣打ち切りになったわけです」

　別の派遣先もなかったためあっさりと失職したという次第だ。

「そりゃ納得できませんけど、考えるのさえ嫌でした。少しずつ生活必需品を揃えていたし、新しい生活に慣れてきたところだったから」

寮からの退去は1週間の猶予があったが、そんな短期間に次の住まいを探して契約し、引っ越しを終えるなんてどだい無理な話だった。

狭苦しいシェアハウスへ

「こういうわけで最初はウィークリーマンションに移ったんです」

なんとしても次の仕事を見つけなければならなかったが2ヵ月経っても無職状態。蓄えなんて微々たるものだったから日銭の稼げる日々紹介、日払いアルバイトで凌ぐしかなかった。

「下請けの引っ越し業者、建物清掃業、内装工事業、宅配会社の臨時仕分け。こんなことを1日単位、長くても3～5日という短期でグルグル回っていたんです」

日当は8時間労働、交通費込みで8700～8800円。仕事の紹介がまったくないこともあるから働けるのは月15～18日。月収は多くても16万円がいいところだった。

「ウィークリーマンションの料金はいちばん安い部屋だったけど週2万6000円

でした。月にしたら10万円以上です。とても払いきれないからどうしようと思案していたときに、スポーツ新聞で『格安ルーム・4万円～、家電品完備、住民登録可』という広告を見つけて移ってきたわけなんです」

保証人は不要だし敷金、保証金、礼金もない。便利なことは便利だが住宅としての環境は劣悪。ビルのワンフロアを細かく区切ってある居住スペースは4畳程度の広さ。荷物を入れる押入れや窓はない。

「家電品は共同台所に大型冷蔵庫、電子レンジ、オーブントースターなどがあるだけです」

シャワーやトイレも共同だし、洗濯はコインランドリー方式。これで家賃は住民登録料込みで4万2000円。

「布団を敷く広さがないんです。仕方ないから冬はサウナスーツを着て寝袋に入っています。これだと身体を伸ばせないから疲れが取れませんね」

仕事は相変わらず日々紹介や日払いアルバイト。

「やっぱり不安定ですよね。6日連続で仕事があるときもあるけど1日働いたら2日休みなんてこともあるから」

最近2週間の仕事は、まず4日連続でテナントが出ていったオフィスビルの後片付け。間仕切りの解体撤去、床面のカーペット剥がしをした。1日休んで、3日連続で引っ越し会社の作業。一般家庭の引っ越しで家具その他をトラックに積み、新居に着いたら搬入してセッティングするというものだった。

「その次は造園会社の下働きが入っていたのですが雨で2日中止になり、もう連絡が来なくなりました。次の日も仕事がなく、週末になってコンビニ弁当の工場の夜勤を3日。こんな具合なんです」

14日間で働けたのは10日。週休2日ということになるが月給制で働いているわけじゃない。働けなかった日は無収入なのだから死活問題だ。

「日当もまったく上がりませんよ、人手不足というのなら賃金は上がるのが普通だと思いますがずっと据え置きですから」

仕事が入ってこなかったら稼ぎはゼロ。だから生活は切り詰められるだけ切り詰めている。

「やっぱり食費ですよね、もうそこを削るしかありません。肉体労働なので仕事が入ってきた日は3食しっかり食べているけど、あぶれた日は2食で我慢。近くに大きなスーパーがあるのですが、そこでお昼にメガ盛り弁当を買って昼夜2回に分けて食べています。普通サイズの5割増しぐらいの量があるので助かりますね」

日雇い労働者の年末年始

この年末年始はギリギリの生活だった。

「12月6日の明け方頃から38度の熱を出してしまいまして。動くのもしんどくて9日までの4日間欠勤したんです。体調が戻ったから派遣会社に仕事を入れてくださいと頼んだのですが、当日欠勤のペナルティーなのか3日間も干されてしまい、丸1週間も収入がゼロでした」

1週間のうち5日働けば4万5000円ぐらいは稼げていたし、ドラッグストアで買った風邪薬代も出さなくて済んだ。とんだ災難だった。

「最終週の土日も仕事が入らず、27日と28日に古紙回収会社の日払いアルバイトをしたあとは1月3日までの5日間休みでした」

月給制で働いていれば問題はないが、日銭稼ぎで暮らしている身には、休みはありがた迷惑だ。

「毎日、ドンキとまいばすけっとに通っていましたね。ドンキは当日賞味期限切れのパンとかが半額になっているんです。食パン1斤とカップジャムかお惣菜1品だけだったり、まいばすけっとでプライベート商品のほとんど具材の入っていない冷凍海老ピラフを買って2回に分けたり、30％引きで68円になっているシュウマイとかウインナーソーセージを食べていました。栄養失調というわけじゃないけど、何か身体に力が入らなかった」

世間は大晦日だ、正月だとはしゃいでいたが、まったく関係なし。

「大晦日ぐらいは浴槽に浸かりたかったので近所の銭湯へ行きました。帰りに缶チューハイとポテトチップスを買い、ポケットラジオで紅白歌合戦を聴きながらチビチビやっていましたよ」

風呂代と合わせても680円ほど。1年の締めにしてはしみったれている。

「三が日もほとんど部屋にいました。外出するのは食べ物の調達だけでしたね。ハウスにいる他の住人たちも同じじゃないですかね。コインランドリーや共用のリビングにはいつも見る顔が揃っていましたから。帰省したり、親、兄弟姉妹に会いに行ったりするような人はいませんよ。そういう普通の人だったらこんな脱法ハウスみたいなところで寝起きしていませんからね」

年賀状は1枚も来なかったし、1枚も書いていない。スマホにあけましておめでとうのメッセージもなかった。

「夜にリビングのテレビでニュースを観るのですが、デパートの高額福袋がどうだとか、帰省して久しぶりの再会を喜び合う家族、海外旅行から帰国した人たちのことを流していたけど、俺とは人種が違うと拗ねちゃいましたね」

お餅は食べていないし、おせち料理も食べなかった。訪ねる人も訪ねてくれる人もいない。つまらなくて寂しい正月だった。

「新年は5日から仕事が入ってきて、今のところは順調です。だけど1日も早く現状から脱出したいので就職活動というか、仕事探しに力を入れています。だけど厳しいですね。2つ隣の駅の近くにたい焼き屋が出店してきてアルバイトを募集していたから面接してもらったのですが、期待に反してお断りだった」

食べ物商売だから清潔感が大事と思い、面接2日前に散髪し、当日は手持ちの服でいちばん上質のものを身に着け臨んだが、いい反応はなかった。

「アルバイトでも若い女性の方がいいんじゃないですか。そんな口振りでしたよ」

20歳ぐらいの女子大生と20代後半の日雇い労働者の自分を比べられたら勝ち目はない。悔しいけど仕方ないと思う。

「ほぼ毎月5、6日入ってくる業務用クリーニング工場の職長さんに、ここで雇ってくれないですかね？　と尋ねたんですが、直接人を採ることはないと言われました。本当に憂鬱です」

求人情報誌は前より厚みが増してきたが、これはという求人は少ない。ビル清掃、食品スーパーの短時間パートや倉庫内作業の派遣は多い。テレアポ、データ処理、事務機器操作などは女性限定。仕事を選ぶのは難しい。

「パチンコ屋はどうかなあって思案しているんですよね。求人情報誌に載っていたのですが準社員で時給1450円、土日祝日の勤務は100円増で1550円だそうです。社会保険にも加入するっていうことでした」

月収例として紹介されていた金額は4勤1休で勤務した場合で28万3200円。他に食事補助と住宅手当もあるということだった。

「この条件は破格だと思います。パチンコ屋は風俗業だから抵抗がないわけじゃないけど、もう製造業派遣は嫌です」

危ない作業をさせられて指を潰したり火傷を負ったりした人を何人も見ている。そのくせ雇用の調整弁でいつ不要と言われるか分からない。

「とにかく、ここから出ていくことを最優先させないと」

雨露はしのげるが屋根付きのホームレスみたいなもの。早くこの部屋から抜け出して、まともな生活を送りたい。

リストラで婚約破棄の憂き目

No.5

高津寛文（29歳）
出身地：神奈川県秦野市　現住所：東京都府中市　最終学歴：大学卒
職業：不動産管理会社（前職は外食業）　雇用形態：正社員
収入：月収25万円、見込み年収は360万円　住居形態：賃貸アパート　家賃：4万5千円
家族構成：独身、両親は健在で他に妹　支持政党：自民党
最近の大きな出費：スーツ購入（9980円）

コロナウイルスで飲食店に大打撃

朝10時頃から始めた引っ越し作業が終わったのは夕方4時。

「独りだから荷物は少ないので簡単なものです。だけど葛飾区の新小岩から府中市への移動だから、随分と遠い所に来たなあという感じです。まったく土地勘のない

所だからいろいろリサーチしないと」

　部屋の整理は今日中に終え、役所や金融機関への住所変更手続きは明日一杯で完了するつもり。

「これで心機一転して仕事に励みます。職場も住まいも新しくなってリスタート、頑張らないと」

　コロナ禍さえなかったら今頃は結婚式・披露宴の日取りを決めようかと思っていた。ところがリストラされて失業、交際していた女性との仲もギクシャクして関係を解消。こんなことになるとは想像だにしていなかった。

「元々の仕事は外食産業なんです。イタリアンレストランと洋風居酒屋を展開している会社で、わたしは店長として働いていました」

　創業してまだ15年足らずの若い会社だが、社長をはじめとした幹部連中は鼻息が荒く、近い将来には東証マザーズに上場すると意気込んでいた。

「だけどコロナがまん延したらお酒の提供は駄目、営業時間も短縮、テーブルの稼働率も通常の半分に。まるで生殺しみたいでした」

　企業も学校もリモートになったからランチタイム時だって閑古鳥。

「最初の緊急事態宣言が出たときは港区内の店舗にいたのですが、ランチタイムの3時間で来店したのはたった12人という日がありました」

テイクアウトのメニューも何種類か置いてみたが、そもそも近隣のオフィスに人がいないのだから売れるわけがない。

「ランチタイムの後はカフェタイムにしていたのですが、こっちも閑古鳥が鳴いていました。主な客層は学生なんですが、登校していないから店に寄るわけがありません」

結局、この店舗は閉店することになり品川区にある別店舗に異動したのだが、転勤して2ヵ月もしないで店のスタッフがコロナウイルスに感染。

「数人のお客さんとその家族にも感染が拡がってクラスターの発生源になってしまったわけです」

2週間の営業自粛後に再開したが客足は戻らず、更に2度目の緊急事態宣言が発出されたため、また閉店することに。

「これでリストラです。配置替えできる店舗はない、本部も人を削る予定なので身の振り方を考えてくれと言われたわけです」

会社側から辞めろとは決して言わない。現状は極めて深刻で、先の見通しが立たない状態だから、進退は自分で考えてくれ……。こんな塩梅だった。

「遠回しだけど言いたいことは分かります。それほどアホじゃない」

別店舗の店長、エリアマネージャー、本部の開発スタッフなどもポロポロ辞め始めたので、これは最悪の事態もあるのではと心配になった。

「コロナ騒ぎが1年経った頃から同業他社の破綻がいくつかありましたし」

今ならとりあえず退職金は払ってもらえそうだが、本当に潰れてしまったら無一文で放り出されてしまう。再就職するには若い方がいいに決まっている。損得勘定をしたら辞めた方が少しはましだろう。こういう結論に至った次第だ。

「退職届を出したら取締役が来て、状況が回復したら呼び戻すからと言ってくれたのですが、本心ではそんなこと絶対にないと思いました」

アルバイトすら見つからない

退職したのは21年7月。遊んでいられるわけないから次の仕事を探したが、これが塗炭の苦しみだった。

「正社員の口を探しても、資格が必要だったり給料が低かったりで思うような仕事は見つかりません。当時は28歳でしたが微妙な年齢で若くはない。新卒や第二新卒のようなフレッシュさはありませんから」

依願退職ということだから失業手当の支給も当分先。蓄えを食い潰すのは危険だと思ったからアルバイトを探したが、これも狭き門。

「勝手知ったる外食関係は営業自粛や時短で人なんて採らない。コンビニの面接でも28歳ではいい反応がなかった」

お酒のディスカウントストア、持ち帰り弁当屋、ドラッグストア、食品スーパーなど募集しているところを見つけては連絡し、面接してもらっても使ってくれるところはなし。

「以前は自分も選考する側だったから分からなくもない。若い学生やフリーターなら使いやすいから歓迎する。だけど30歳間近で世間ずれしている人間は遠慮してもらいたい。世の中ってそういうものですよ。」

実際は会社都合のリストラみたいだが形は自発的退職。そうすると失業手当が支給されるまで時間がかかる。

「社会人を6年やっていたからそれなりの蓄えはあります。だけど食い潰すわけにはいけません。同棲していた彼女にもどうなっているの？　ってせっつかれていた」

そこで当座の生活費を得るために始めたのがバイク便ライダー。

「出来高制で日給1万円以上というふれこみだったけど、そんなには稼げません」

勤務時間は朝9時から夕方6時まで。出社した時点で仕事を振られ現場へ直行、その後はスマホで連絡を受けて次の現場へという流れ。

「空白時間が結構あるんですよ。公園や図書館で待機していることが多かった」

新宿から群馬県の高崎市までとか、池袋から成田空港までというような長距離の仕事が入れば歩合も大きいが、そんな美味しい仕事はめったにない。

「平均すると1日9000円がいいところでしたね」

バイク持ち込みの請負仕事なので経費は全額自分持ち。ガソリン代、オイル交換代が自己負担というのも痛かった。

「ガソリンは1日5リットル入れていました。リッター160円として900円、月20日走ったら1万8000円。大きい金額です」

何とか1日9000円稼げてもガソリン代で900円、ご飯代が500円出ていくので残るのは７６００円程度。割のいい仕事ではなかった。

「あとは交通違反ですよね。実は1回やっちゃいまして。速度超過で減点1、反則金７０００円でしたよ」

これでは実入りはほとんどなし。何のために働いているのか分からない。

「雨の日は合羽を着用しても下着までビショ濡れ。風の強い日は横方向の強風にあおられ、バランスを崩して転倒しそうになる。もらい事故も心配です」

ほとんど交流はなかったが同じ営業所にいた人が事故で大ケガしたこともあり、もう嫌だと2ヵ月で辞めることにした。

金の切れ目が縁の切れ目

「その後、ハローワークに日参し、何とか不動産管理会社に採用され失業状態からは脱せられました。だけど労働条件は良くありませんね」

正社員として採用されたのだが、うちではまったくの新人だからという理由で初任給は大学新卒とほぼ同額の22万円ほど。仕事は大型ビルでの警備、清掃、駐車場管理、電気・空調などの管理全般。

「土日、祝日は休めるし残業も少ない。外食にいたときはローテーション勤務で土日、祝日、ゴールデンウィークでも交代で出勤し、残業は毎月60時間以上、そのうち20時間はサービス残業でした。これに比べたらはるかにまともなんですが、収入がねえ……」

10時間前後の残業代、住宅手当が加算されても給料は額面で約25万円。手取りになると21万円と少しという金額になる。

「前の仕事は店長手当と残業代が付いて32～33万円、手取りで27万円近くありましたから大幅な減収ですよ。転職したり再就職して給料が良くなる人は少ないというから仕方ないです。まったくの畑違いで新人ですから」

自分では納得していたが、同居していた彼女に明細書を見せると「何これ？　安過ぎるんじゃない？」と顔色が変わってしまった。

「前は年収で４５０万円ぐらいあったんです。新しいところでは賞与込みでも３６０万円ぐらいだと思うって彼女に正直に話したら、それでどうやって生活していくのって嫌な顔をされました」

これがきっかけですきま風が吹き始め、次第にギクシャクしていくことになる。

「彼女は2歳下で信販会社に勤めています。給与水準は高い業界だしコロナの影響もさほどなかったようです。年収は前の自分と同じくらいの450万円近い金額なんですね。もうちょっと収入の高い仕事に就いてよって言われちゃいました」

彼女は専業主婦願望が強く、結婚後は少しの間だけ働いて家に入りたい。早く子どもを産んで子育てに専念したいと思っていたそうだ。

「余裕のある生活は望めない。子どもを産めない。マイホームも無理そう……。愚痴っぽいことばかり言われてイライラしてくることが度々あったんです」

正直なところ、こんな馬鹿な女だとは思わなかったという気持ちになり、やることと言うことすべてが癪《しゃく》に障るようになった。

「どうでもいいようなくだらないことで喧嘩するようなこともあり、もう一緒に暮らせないという結論に至ったわけです」

彼女が出ていったのは約2ヵ月前。最後はほとんど会話もなかった。

「金の切れ目が縁の切れ目っていうのは本当ですね」

互いにプレゼントした物は返してもらったし、自分が買った目覚まし時計や空気

清浄機は持ってきた。反対に彼女が費用を出した電子レンジと布団乾燥機は持って
いったそうだ。これできれいさっぱり御破算。
もう嫌でたまらなかったから気持ち的には清々した。だけど経済的にはピンチ。
「同居していたときは互いの収入から毎月13万5000円ずつ出しあって、すべて
の生活コストを賄っていました。住まいは2DKのマンションで8万4000円の
家賃は問題なかったけど、今の自分の収入だけでは重たいです。なので引っ越しを
考えたわけです」
配属されている新宿の現場まで電車1本で通えるよう、京王線沿線のアパートに
移ってきたという次第だ。
1Kで23区外ということもあって家賃は4万5000円と格安になった。
「生活全体もかなりダウンサイジングしました。家賃と水道光熱費で6万円、保険
と奨学金の返済で3万円出ていくので12万円ちょっと残るけど5万円は別の口座に
移して手を付けないようにするつもりです」
短期間だが失業期間があり、お金のありがたみは身に沁みた。
「不測の事態があったとしても何とか4ヵ月ぐらい生活を維持できるよう備えてお

かないと危険ですよね。宝くじで大当たりなんてあり得ないし、誰かが助けてくれるわけでもない。そもそも助けてくださいなんてみっともなくて言いたくないし」

お金のことばかり考えるのは卑しいと言われるかもしれないが、やっぱりお金は大事だと思う。

「今思うのは、あの人と結婚しなかったのは正解だったということ。きっと破綻すると思いますね」

賃金は低くても定職がある、やらなければならないことがあるのはありがたいと感じる。もう失業は懲り懲りだ。

【第2章】貧乏暇なし

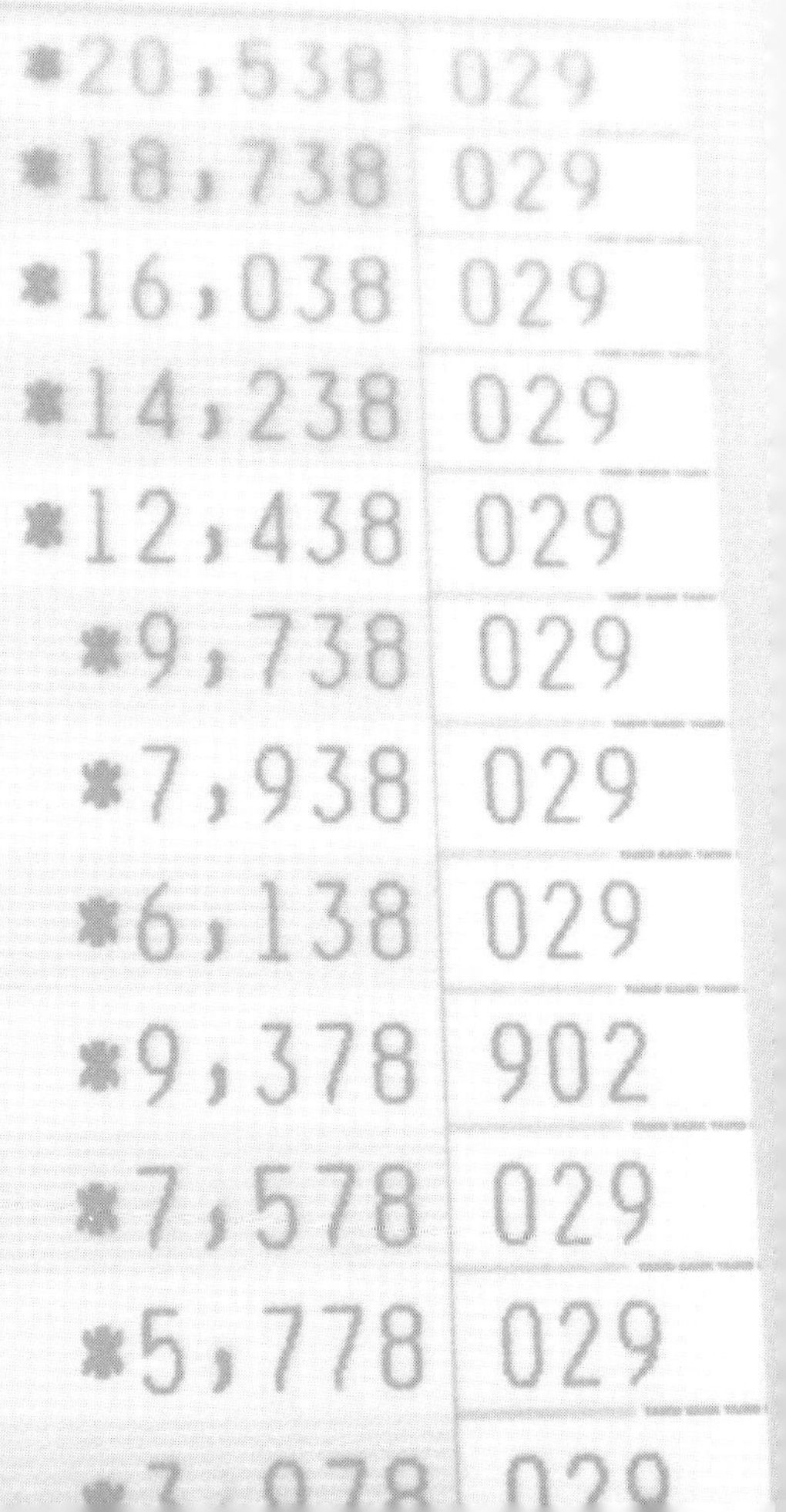
*20,538 029
*18,738 029
*16,038 029
*14,238 029
*12,438 029
*9,738 029
*7,938 029
*6,138 029
*9,378 902
*7,578 029
*5,778 029

No.6

これでも宅配ドライバーをやりますか

近藤剛史（53歳）
出身地：山梨県甲府市　現住所：東京都中野区　最終学歴：大学卒
職業：宅配ドライバー　雇用形態：個人事業主　収入：月収34〜37万円
住居形態：持家、相続したためローンなどはない
家族構成：妻、長男、次男　支持政党：自民党以外
最近の大きな出費：家族全員のインフルエンザ治療代（合計で約1万2200円）

ホワイトカラーのサラリーマンから契約社員に

都営アパート近くの交通量が少ない一方通行路。軽ワゴン車を停め、やっと昼食にありつけたのは昼2時近くになってから。

「朝は7時頃にコンビニで買ったミニあんぱん5個と牛乳。それから7時間近く

経っているのでもう腹ペコです。血糖値が低くなっているのか生欠伸が出てくるほどですよ」

待望のお昼ご飯は、道すがら見つけたスーパーで買ったおにぎり弁当。中身はたらことツナマヨのおにぎり、鳥の唐揚げ２個、オムレツ、マカロニサラダと漬物が少々。あとは缶入りのコーンスープ。消費税込みでも５００円足らずの粗末な食事だ。

「どこでもいいから店に入ってゆっくりしたいのですが時間がもったいなくてね。たいていは総菜パンや弁当を買って車の中で食べています」

食事時間はせいぜい15分でまたエンジンをかけて走り出す。

「今は請負の宅配ドライバーをやっていまして。完全出来高制だから収入を増やすにはとにかく配達数を上げなきゃならないんです。悠長に休憩なんてできない、貧乏暇なしとはこのことだと思う」

宅配便の仕事をするようになって約2年半になるが、それ以前はホワイトカラーのサラリーマンだった。

「大学を出て中堅クラスの食品会社に入社したのは90年（平成２年）でした。営業や工場の管理部門などで働いていたけど何度かリストラがありまして。紆余曲折があって宅配の仕事に辿り着いた次第なんです」

リストラの原因は売上げ、利益の減少に歯止めがかからなかったから。

「デフレの影響が大きかったんでしょうね。05年頃から小売店さんの値引き要求が厳しくなってきた。原材料費は上がっているのだから儲けが出るわけない。スーパーの目玉品として大量に納入しても利益は小さい。安い中国産も入ってくるので商売にならなかった。高級路線でやってきたわけじゃないから淘汰されたわけですよ」

退職したのは17年3月末。規定の退職金に若干の上乗せがあったが再就職の支援などはなし。あとは自分で何とかしてくれという感じだった。

「再就職活動を始めたときが49歳。同業他社でこんなオッサンを採るわけがない。中高年の事務、営業などは求人が最も少ないんです、なのでハローワークの指導でマンション管理士の職業訓練を受け、資格を取って建物管理会社に入ったんです」

通勤管理人として2つの大型マンションに派遣され、ゴミ出し、共用部分の清掃、駐車場の管理、簡単な営繕作業などを担当していた。

「その地域のゴミ収集日に合わせて月水金はこっち、火木土はあっちというローテーションでした。仕事そのものはどうっていうことはない、危険な作業もなかった。だけど低賃金、悲しくなるほどの低収入でしたね」

身分も半年ごとの契約社員。賃金は日給８８００円で、住宅手当、扶養家族手当などは一切なし。月25日働いても月収は22万円が限度だった。

「手取りだと18万円台の前半でした。明細書を見てもため息しか出ません」

奥さんもパートで働くようになったが合計しても生活費全般として使えるのは26万円前後。生活できないということはないが、豊かで少し余裕があるような暮らしは送れなかった。

宅配ドライバーは大忙しの重労働

「もうちょっと稼ぎたいと思って別の働き口を探し始めまして。またハローワーク通いしたり求人情報誌をチェックしたりしていたんです。そんなときに目に入ってきたのが今の仕事なんです」

雇われないという新しい働き方、やった分だけ収入になる、万全のバックアップ体制、平均月収40万円超、50万円以上も可能……。こういう文言がなぜだか輝いて見えてしまった。

「説明会に参加してシステムを聞いたら加盟金などは必要なし、車両は持ち込み、荷物1個につきいくらという契約だということでした。会社と業務委託契約を結んで働く個人事業主という説明だった」

自家用車として乗っていたファミリーカーを売却し、そのお金で中古の軽ワゴンに買い換え、ボディに契約した貨物運輸会社のロゴ入りステッカーを貼ってスタートしたのが19年10月のこと。

「よーし、稼げるだけ稼ぐぞって意気込んで始めたけど、稼ぐのは簡単じゃなかった」

配達する荷物の単価は大きさ、重さで細かく分けられていて80円から160円。平均すると約140円ぐらい。

「1日に配達する荷物の数は少なくて100個、多いときは120個くらいです」

必然的に労働時間が長くなる。営業所に出勤するのが朝7時30分頃、荷物を積み込んで出発するのが8時ジャスト。ここから集荷と配達を繰り返して終了できるのは早くて夜8時、道路事情が悪かったり不在で再配達が何度もあると9時でも終わらないことがある。

「1日の仕事の流れとしては1便が通販会社の荷物で地方の名産品やら化粧品、小物家電品、書籍などが大半です」

約30軒に配達し終了すると、その足で会社が契約しているスーパーへ直行する。

「ここで積み込むのはお米、ミネラルウォーター、カップ麺、ビールや清涼飲料水、レトルト食品がほとんどです。1軒で5キロのお米を2袋とミネラルウォーターを2ケースとか、24本入りの缶ビールのケースを2つとカップ麺を1箱、ウィスキーとか焼酎のジャンボボトルを5、6本。こんな感じです」

スーパーの配達は2便あり、午前便分が終わった2時前後にようやく昼休憩を取れる。時間が押して休憩を取れないときは運転しながらコロッケパンとかカレーパンを食べておしまいということもある。

「もう一度店に戻って2便目の荷物を積み込み、配達し終えるのが夕方5時頃です」

仕事はまだ続き、次に向かうのはホームセンター。当日配送の18～20時の時間指定された荷物を積み込んでまた走り回る。

「ここの荷物は重たくてね。テレビ、布団、畳の上敷、組立て式の家具、自転車、ペット用品、介護用品。こういったものが多い」

20時までに配送し終えれるのはまれで、21時近くまでかかってしまうことも度々。客の方から時間指定してきたのに不在ということもあってイラッとすることがある。

「もう終わったときには一気に疲れが出てきます。エレベーターのない古いアパートや団地を多く回ると腕と太ももが痛くなるし」

仕事開始が7時30分で終業が21時近く。決まった休憩時間はなく15分～20分の細切れ休憩を4、5回取るだけ。すると労働時間は12時間ぐらいになる。

「デスクワークじゃないでしょ、基本は荷物を持って駆け足。そりゃ疲れる」

収入も期待していたほどではない。

「4週6休、月24日稼働で34万円前後、休みを週1にしたら37万円ぐらい。これが精一杯です。モデルケースとして記されていた月収40万円とか50万円以上可なんて無理です。少なくてもわたしには出せない数字ですよ」

1ヵ月の労働時間は平均280時間前後だから、1時間単価はせいぜい1250円程度。近所にあるパチンコ屋がアルバイトを募集していて、時給が1450円となっていたから嫌になる。

「ガソリン代はもとより、車の維持費は全部自分持ち。タイヤ交換やオイル交換用に天引きしておくのを含めると4万円ぐらい出ていきます。これも大きいですよ」

運送会社の社員ではないから社会保険は自治体の国民健康保険と国民年金に加入しているが、この保険料も毎月6万円ちょっと払っている。

「こんなわけで相変わらず妻のパート収入が頼りなんです。情けなくなってくる」

オーバーワークで疲れる毎日

体調も良くない。この仕事を始めて腕痛、腰痛、膝痛がひどくなった。休んでも疲れが取れず、ひどい倦怠感に襲われる日もある。

「やっぱり働き過ぎなんでしょうね。自分でも危険だと思うことがあるから」

特に昨年末はひどかった。12月はお歳暮とクリスマスが重なるので荷物の量が格段に増える。休みはたった3日で、大晦日も夜8時まで働いていたほどだ。初めて月収が40万円を超えたが労働時間は320時間もあった。

「三が日はどこへ行く気もなかった。寝正月というより過労で倒れていたのに近い」

最近は心配した奥さんに「もう辞めた方がいい」と言われている。

「妻が言うには、いつも顔色が悪いし人相も変わったと。まあ、自分でも鏡を見ると急に老け込んだなあと思います」

あくまで噂話だが、別の営業所に出入りしている委託ドライバーが突然死したという話を聞いたこともある。

自分の健康と同じく、事故に対する心配も大きい。

「ここまでは無事故でやってきたけどヒヤリとしたことは何度かある。特に終わり近くの夜間は怖い、朝からの疲れが影響しているのか睡魔に襲われて瞬間的に意識が飛ぶことがある。信号と信号の間400メートルくらいの距離を何も覚えていないことがありました」

一昨日の夕方には環七通りで2トントラックと乗用車、オートバイが絡む多重事故を処理している現場横を通ったのだが、こういうのを見てしまうとハンドルを握るのが怖くなる。

「社員じゃないからぶつけてもぶつけられても、会社が助けてくれたり事後処理をしてくれたりはしません。有給休暇もないから干上がってしまう」

この仕事を始めてそろそろ3年になるが、正直なところ「失敗したなぁ」「こんなことだとは思っていなかった」というのが本音だ。

「新しい働き方と言われ、いいかもしれないとやる気になりましたけど、現実には会社に都合のいい働かせ方だと思うんです。雇用契約がないから社会保険に加入しなくていい、健康診断もやらない、退職金も払わない。安く使うための方便だったと気付いたけど後の祭りです。しくじったと思いますね」

病気や怪我、事故の場合でも業務委託だから簡単に切られてしまう。やっぱりおかしいと思うのだ。

「辞めたらマンション管理人に戻るか、ハローワークでよく勧められた介護。さもなくば求人倍率が高い警備ぐらいしか行くところがない。それでも今よりはましかなって思うんです」

このままでは早晩、身体を壊すか事故を起こしてしまうかだと思うのだ。

食品会社をリストラされてよく分かったのは、やり直せる社会なんて嘘っぱちだということ。

「1度の失敗やつまずきでおしまい。これが本当のことですよ」

特別な資格や特技のない人間は、ひたすら長時間労働するか賃金の低い仕事に甘んじるしかない。こんな社会に希望があるのかと思う。

廃業するのは時間の問題

No.7

山崎盛博（58歳）
出身地：静岡県浜松市　現住所：東京都北区　最終学歴：高校卒
職業：クリーニング店経営兼パートタイマー　収入：パート収入は11万円ほど
住居形態：店舗兼自宅は自己所有、ローンはなし
家族構成：妻、長男と長女は独立　支持政党：特になし（政治には期待していないから）
最近の大きな出費：扇風機（３９８０円）

右肩下がりのクリーニング業界

夕方4時半――。奥さんと店番を交代して向かうのは、自転車で約15分の場所にある大型ショッピングセンター。買い物のためでなく、ここに入っている１００円ショップでパート仕事をするためだ。

「本業はクリーニング屋なんですよ。取次店ではなく自分のところで仕上げていますがもう7、8年ずっと下降線なんです。廃業するのは時間の問題ですね」

夫婦2人でやっている小商いだが2012年頃までは毎年850～900万円ぐらいの売上げを確保できていた。それがジワジワと少なくなっていった。

「まず子どもの数が減ってきましたね、少子化の影響です。どうして少子化でクリーニング屋の経営が苦しくなったと思います？　学生服のクリーニングが昔の半分ちょっとに減ってしまったんですよ」

衣替えで夏服になる6月、2学期が終わった12月末、年度替わりの3月。年3回クリーニングするのが一般的で、女子生徒の場合は夏用のスカートも出してくれていた。これが毎年減っていったのが痛かった。

「これ以外にもお客さんが減る要因がいくつもありました」

店の近くには大手企業数社の社宅アパートが数多くあり、そこの住人もお得意さんだったが、社宅そのものが数棟なくなってまたお客さんが減った。

「スーツやコートのお洗濯がかなり減りましてね。また売上げダウンですよ」

事業所からの仕事も大きく減った。女性用の事務服や工場で働く人の作業服は、会社負担でのクリーニングではなく経費削減で各自で洗濯するようになった会社が十数社ある。

「女性用の事務服、制服を廃止した会社もいくつかありましたしね」

衣類の素材が様変わりしたことも大きい。

「形状記憶素材のワイシャツだとおろして20回前後はアイロン掛けしなくても大丈夫なんですよ。最近じゃ量販店がウォッシャブルスーツを売り出したし」

わざわざクリーニング代を払う必要がないのだから商売あがったりだ。

「大手さんがあちこちに取次店を展開してきたのが最大の要因だな。12年前だとうちの周りにはひとつもなかったけど今はポニーが2店とホワイト急便が進出してきた」

料金は大手が格段に安い。スーツの上下1300円でやっているところに980円でぶつけられたら、悔しいが手も足も出ない。

「売上げとしては以前より30％以上も減っています。そのうえ業務用の洗剤、ドライ溶剤も何回か値上げがあって大変ですよ」

更に電気代、ボイラーを回す灯油代、品物用のカバー材なども値上がりしているので利益率は下がる一方だ。

店を経営しながらパートで働く

「こんな塩梅なので4年前から交代で働きに出ているわけです。店は10時開店だけど昼3時まではわたしだけで切り盛りしている。嫁さんはというと9時30分から昼1時30分までの4時間、ＪＲの駅中のコンビニで販売、レジのパート仕事をしているんです」

店の方はお客さんが少ないので受け渡しのかたわら作業できるし、お昼ご飯も店番しながら済ませているということだ。

「妻が戻ってくるのが2時前後。遅めのお昼を済ませ、ひと休みして店頭に出てくるのが3時半近く。入れ替わりでわたしが出勤するというわけです」

１００円ショップでの仕事はレジ、商品補充、閉店後の清掃など。勤務時間は夕方5時半から閉店後の9時半までの4時間。

出勤するのは月火水金土の週5日、時給は１０６０円。退勤したあとは大通りの反対側にある食品スーパーで値引きシールが貼られた肉、魚、お惣菜などを見繕って買っていくのも役目だ。

「外で働いてみてよく分かったのは、今の時代は本当に安く使おうと思っているんだなということ。なにしろ正社員は2人しかいないんだ、あとは全員パートの人」

夕方の時間帯は来客数が多いのでパートタイマーは8人配置されている。他に早番と中番が6人ずつで合計20人。

「パートはこんなにいるのに、正社員は30代半ばの店長と3年目の若い人だけです。そのうえ店長は別の店舗の管理もやっている」

店長が外出していてもう1人の正社員も休憩時間となると、何かあったときに責任を持って対処できる人がいない。

「労働時間もかなり長いみたいですよ。店長はほぼ毎日3時間は残業しているし、休みも週1。冗談で残業代が凄い金額になるんでしょって言ったら、そんなわけありませんよと口を尖らせていた」

残業代は実労働の3分の1ぐらいしか申請できないらしく、随分とタダ働きさせられているらしい。だからなのか正社員の定着率は低いということだ。

「もう1人の若い人が言うには、新入社員は3年経つと半分以上がいなくなっているそうです。彼も辞めたいみたいなことを言っていた」

当節は何かと生きづらいと言われているが、自分の身近なところで実際に見聞きすると嫌だなあと思う。

「昔はみんなそれなりに張り合いがあって希望も持てていたと思います。わたしなら独立して一国一城の主を目指そうとか。結婚したら頭金を作ってマイホームを買おう、中古車から新車に乗り換えようとか。それが今はどうですかね。朝から夜遅くまで働かされて、ただ生活しているだけという人が多いと思います。しがないパートのおじさんが自分のことを棚に上げて偉そうに言うなって笑われるかな」

交際費に割くお金がない

現実に生活レベルは15年ぐらい前と比べるとかなり縮小している。

「外でご飯を食べるなんてしなくなった。たまに行くのは日高屋とかガストみたいな低価格帯の店だけです」

年齢的に病気が心配で以前は奥さんともども2年に1度は日帰りの人間ドックを受けていたが、この5年近くは行政が住民サービスで実施している各種健診だけ。

パート仕事での収入は約11万円。これに奥さんの収入が約9万円で合計すると20万円にはなる。だけど生活は相変わらず苦しい。

「20万円のうち借金の返済で半分近く出ていっちゃうから」

借金というのは信用組合から借りた店舗兼住まいのリフォームローンと行政から設備費、運転資金として借りた小規模事業者特別融資のこと。2つ合計の返済額が毎月9万7000円ほどある。

「もう8割方返済しているけど、合計するとまだ150万円近い債務が残っています」

妻のお兄さんと自分の従兄が連帯保証人になっているので、もし返せなかったら迷惑が及ぶ。何が何でもきっちり返さなければならないのだ。

「10万円ちょっと残っても税金や社会保険料も払わなきゃならないでしょ、ざっとですが収入の25%を持っていかれる」

借金を返して10万円ぐらい残るが、諸々の支払いをすると手元に残るのは6万円と少し。生活費の足しにできるのはこれだけだ。

「贅沢は御法度なのはもちろん、ゆとりのある生活とも無縁。いつもお金のことを気にしている。トイレットペーパーを買うのだってどの店が安いか調べてからじゃないと買わないし、ちょっと外出するときも20分ぐらいの違いなら安いルートで移動する。いじましいと思うね、ホント」

最近の大きな買い物は扇風機。今まで使っていたものはタイマーが壊れ、モーターの調子もおかしいらしく30分ぐらい回していると熱を帯びるようになった。それでも騙し騙しで夏を乗り切り、秋口に量販店の展示品特別処分セールで元値の半額以下になったときに来年から使おうと買ったものだ。

「金銭的な余裕がないと交際の範囲も狭くなってしまいますね。同業者の寄り合いにもめっきり参加しなくなった。商売が良かったときは花見とか暑気払い、忘年会などに参加していたけど今は5000円の参加費も払えない」

釣りが唯一の趣味だったがここ最近はすっかりご無沙汰。釣り仲間が誘ってくれても適当な理由で参加しなかったので、最近は誘ってもくれなくなった。

「最近は親戚付き合いも重荷に感じることがあります」

特に慶弔事、法事など。

「去年、今年はわたしの甥っ子が2人、妻の方の姪っ子が結婚しましてね。伯父さん、叔母さんだから披露宴にお呼ばれするわけです。今どきは3万円包まなきゃみっともないじゃない。結婚しますという通知があると、それはめでたいと思うけど、いくらかかるんだと考えてしまう」

来年の5月には自分の母親の七回忌がある。お寺でお経をあげてもらってその後の食事会となるといくらかかるか心配になる。

「お布施として20万円ぐらい出さなかったらどう思われるか分からない。ご本尊さんとお墓に供えるお花代も1万円するらしいですし。御仏前を頂戴するけどそれだけでは賄えない、数万円の持ち出しになると思います」

お見舞い、快気祝い、子どもの誕生祝い、進学・卒業祝い、お中元、お歳暮、お香典、餞別《せんべつ》……。社会的儀礼や付き合いで必要になるお金は結構な額になる。

「この生活の先に何があるのか？　って思うことがあります。朝から晩まで働いて、ただ生活していくだけ。自転車操業っていう言葉がありますけど、今の生活はまさにそれですよ。とりあえずペダルを漕いでいればいいけど、足が止まったら倒れてしまう。正直怖いですね」

最近は経済的な不安に比例して夫婦の会話もめっきり減ってしまった。時々だが互いにイライラしていることがある。どうでもいいようなくだらないことで言い合いになったことも数回。

「今の目標ですか？　これ以上悪くならないこと。これに尽きる」

自分たちの生活がV字回復するのは不可能に近い。ならば現状維持、そう願うだけだ。

山崎哲郎49歳のお正月

No.8

山崎哲郎（49歳）
出身地：東京都町田市　現住所：東京都板橋区　最終学歴：高校卒
職業：給食サービス会社調理師　雇用形態：正社員　収入：年収約380万円
住居形態：公営住宅　家賃：5万4000円
家族構成：妻、長女、長男　支持政党：特になし
最近の大きな出費：セラミックファンヒーター購入（約6800円）

40代で調理師見習いになる

世間全体が年末年始休みモードにある1月2日。年末年始4日間の特別出勤を終えて帰宅したのは夕方5時近くになってから。両手には朝方に妻に頼まれた食品やトイレットペーパーなどを抱えている。ところが家のなかは空っぽ。妻も息子も娘

も出払っていて、寒さがひとしお身に沁みる。

現在の仕事は給食サービス会社の調理師。いつもは別の保険会社の社員食堂&カフェテリアで働いているのだが、暮れの30日から臨時応援で大学病院に出勤していたのだ。

「本来の配置先会社は28日が仕事納め、なので社食も昼でおしまいです。だけど病院はお盆休みも正月も関係ないし、人手が足りないのでヘルプで入ってくれと頼まれまして。年末年始だからといって特に予定もありませんからね。賃金は割増しで特別手当も出すからというので首を縦に振ったんです」

会社から要請された出勤日は12月30日から1月2日までの4日間。30、31日は11時から20時まで。元旦と2日は6時から15時までの勤務ということだった。

「やることは入院している患者さんたちの病院食の調理、配膳、洗い物など。年末年始は一時帰宅する患者さんが多いけど、定員の8割はベッドが埋まっているそうです。だから作業量はほぼ普通の勤務状態だということでした」

現在は調理師として働いているが、元々の仕事は建材メーカーの技能職。

「工場で住宅関連品の製造を担当していたんです。玄関ドア、窓枠、網戸、屋根材、天井パネル、床用タイル。こういったものの設計や金型の作成、生産ラインの運転を担当していました」

工場勤務だが作業班の管理職に昇進できた。しかし16年初めにリストラがあって退職、約4ヵ月後に今の会社に採用された。

「まったくの畑違いだけど仕事を選べる身分じゃないですから。当時で43歳だったので正規雇用で働けるところを優先させたんです。厄年過ぎて非正規じゃまずい」

調理補助員で入社し見習いからスタート、調理師免許を取得できてからは主任、副調理長と肩書も付いた。

「だけど給料は安いです。もう6年目になるけど手当込みの月給が30万円に届かない。期末手当込みの年収だって380万円台ですからね。はっきり言っちゃうと年収は以前より120万円以上も減っています」

こんな状況なので生活は縮小に次ぐ縮小だ。前の会社にいたときは千葉、埼玉エリアで勤め先まで1時間強ぐらいの距離なら中古マンションぐらい買えるかもと期待していたが、こんなに収入が減ってしまっては家を買うどころではない。夢のマイホームは諦め、ずっと都営住宅で暮らしていくしかないと思っている。

「健康にも無頓着になってしまいましたね。わたしは高脂血症と高血圧で内科・循環器科の医院に通っていたけど、血液検査と28日分の内服薬で4900円ぐらい払うんです。そんなに悪くなっていないようなので9ヵ月前から通院するのを止めちゃったんです」

脂っこい食事は避ける、塩分もひかえる、食べ過ぎない。これで誤魔化していた。

「タバコも止めましてね。これも健康のことよりお金のことを考えてです」

その甲斐あってか、先々月に別の内科クリニックで検査してもらったところ、検査数値はギリギリで正常の範囲だったということだ。

「趣味といえるものはなく、たまに息抜きでスーパー銭湯に行くぐらい。女房も不機嫌なときがあって、くだらないことで喧嘩しそうになる。本当につまらん暮らしです。金銭面が良くないと生活全般が悪い方向へ行く。これが現実だと思う」

年末年始も休まず出勤

だから4日間の臨時出勤がありがたかったのも事実だ。

「さっと計算したら1日出ると約1万5000円ぐらいになる。4日働いたら6万円の増収になるはず。この金額は大きいですよ。だけど元旦の早朝に出勤するのはつらかったよな」

家を出たのは早朝5時10分頃。この時刻だとまだ辺りは薄暗い。寒さもきつく、ニット帽と不織布のマスク、手袋、ダウンジャケットという出で立ちでも風邪をひきそうだった。

「1日やれば先月に受けた虫歯の治療費が回収できる。3日やったら冷蔵庫を買い換えられるぞ。4日皆勤したら家賃分になる。そう思って頑張りましたよ」

6万円を使うのは簡単だが稼ぐのは大変だと思い知らされた気分だ。

「仕事自体は大変なものではありません。むしろ病院食は揚げ物がないから楽な方だった。カロリー制限や塩分制限されている患者さんもいるので盛りつけはグラム単位で慎重にしなくちゃならないけど」

年末年始でも入院生活をしている患者さんにとっては、3度の食事だけが楽しみということもあるので、温かくて美味しいものをという心づもりで働いた。

「自分のところもそうですが、応援出勤した大学病院の管理責任者も人手不足が深刻だとぼやいていました。アルバイトにしろパートさんにしろ簡単に辞めちゃうそうです」

　アルバイトもパートも時給は早朝勤務で1200円。9時から終業までは1100円。これでは人が来ない。

「慣れればつらいことはないけど、若い人だとコンビニや飲食店の方が時給は高いからね。東京23区は売り手市場みたいだから地味で時給は普通レベルだと見向きもしないのでしょう。正社員募集にも反応がないって話ですから」

　そんなわけで休みに入っている現場から駆りだされたわけなのだ。

「わたしは、このご時世だから50歳直前の自分が、もっと見てくれがよく賃金が高い別の仕事なんて就けるわけないと思います。文句を言わずに働くしかないです」

家族全員お正月返上で働く

　家は妻、大学2年生の娘、高校1年生の息子という4人家族だが、この年末年始は家族全員が働いていた。

「妻はもう5年ホームセンターでパートをやっていまして。今はデパートもスーパーも元旦から普通に営業していますからね。妻も29日から2日まで5日間のローテーションを組まれていたので普通に出勤していました」

奥さんの勤務時間は14時から18時までの4時間。やはり大晦日も元旦もなかった。

「大学2年生の娘はファミレスでウェイトレスのアルバイト。高校1年生の息子も郵便局で年賀状仕分けのアルバイト。よく働く家族でしょ」

大晦日は夜更しして元日はちょっと朝寝坊。お雑煮やおせち料理をつまみながらビールといきたいところだが、そんな正月気分はまったくなかった。

元日の朝食は出勤途中のコンビニで買った菓子パン2個とペットボトルの緑茶。これを地下鉄のホームで電車待ちの間に掻き込んだだけ。昼は賄いの焼き魚定食。何とも味気なかった。

「2日は娘が夕方から閉店までの勤務。息子はアルバイト終わりに学校の仲間たちと映画を観に行ったので妻と2人の夕飯だったけど、食卓に乗ったのは西友で買ってきたアジフライとポテトサラダ、インスタントの味噌汁だけ。まったく正月らしさはなかった」

一家4人が顔を揃えて食卓を囲めたのは3日の夜になってから。「妻がスーパーで値引き処分になったおせちパックを買ってきたので、それをつまみながら缶ビールを1本。正月らしいことはこれだけだった」

特に会話が弾むということもなく、面白くもないバラエティー番組を観ながらの味気ないものだった。

「わたしの方は両親共に鬼籍に入っているのですが、妻の方はお2人とも健在で横浜で暮らしています。正月ぐらいは全員でご挨拶に出向くのが筋ですが今年は伺えませんでしたね」

山崎さん宛に来る年賀状も激減した。前の会社にいたときは職場の上司や部下たちから20枚ほどの年賀状が届いていたが、辞めた今はまったく交流が途絶えた。

「辞めた直後の正月は、かつての上司や部下が『新しい道で活躍することを願っています』という言葉を添えた年賀状を送ってくれたけど、次の年には1枚も届かなかった。会社での人間関係なんてこんなものですよ」

今年、親戚以外で年賀状をくれたのはメガネ屋さん、自転車販売店、保険のおばちゃん、お寺の住職さんだけ。

7、8年前までのお正月は奮発して家族全員で沖縄旅行したり、デパートに福袋を買いに行ったり、会社の仲間たちと明治神宮へ初詣に行ったりして賑やかなものだったが、今年は日当1万5000円目当てで働き詰め。我ながら嫌になる。

「3日夜のニュースで空港の帰国ラッシュや新幹線のUターンラッシュを取り上げていたけど、我が家にはまったく無関係なこと。冗談で次の正月はハワイへ行くかと言っても家族には無視された。悲しいね、ホント」

電気、ガス、水道などのインフラ関係に従事している人、運輸関係の人、警察や消防の人、医師や看護師、元日の朝に新聞を配達してくれた人、郵便屋さん……。年末年始に働いている人は沢山いる。

「こんな風に思ったら仕事の疲れも少しは和らぎました。贅沢は言えないもの」

4日からは配置現場で通常業務に戻ったが、保険会社の若手君から「ゆっくり休めましたか？」と声を掛けられたときは適当に受け流しておいた。

「別の現場に行って早朝から働いていましたなんて言いたくないですから」

しがないおじさんだって見栄もあればプライドもある。だけど、今年もあまりいいことはなさそうだ。

社長から日給8400円の用務員に

No.9

武井惣一（60歳）
出身地：埼玉県三郷市　現住所：東京都墨田区　最終学歴：高校卒
職業：不動産・設備管理会社勤務　雇用形態：非正規（契約社員）
収入：副業と合わせて26〜27万円　住居形態：賃貸アパート　家賃：6万8000円
家族構成：妻、長男と長女は社会人で独立　支持政党：自民党
最近の大きな出費：アパートの更新料と火災保険料（合計で約8万6000円）

経営難で自己破産

最大で10連休の人もいるというゴールデンウィーク最後の夜。遅い夕飯を食べながらテレビを観ているとUターンラッシュの映像が流れてきた。

「わたしには年末年始もゴールデンウィークも関係ありませんよ、もう何年も。時

給や日給で働いている身では、休みはありがた迷惑です」

現在の仕事は不動産・設備管理会社の契約社員。この1年間は都内城東地区にある公設の複合施設に配置されている。

「図書館、生活者センター、体育館、集会室などが入っていましてね。部分的に休みの日があるけど建物自体は年末年始以外は開いているんです。なのでゴールデンウィークであろうがお盆休みであろうが交代で出勤するわけなんです」

担当業務は通用門での受付、駐車場の管理、共用部分の簡単な清掃。生活者センターや集会室で催しがあるときは会場の設営と撤去作業も行う。

勤務体系は４勤１休のローテーション制。なのでゴールデンウィークと言われる4月29日から5月5日までの間で公休日だったのは5月2日だけだった。

「この仕事に就く前は経営者だったんですよ。小さな印刷会社を営んでいました。合資会社だから実質的には個人商店みたいなものだけど」

創業したのは88年。翌89年に法人改組し、ＪＲ上野駅の近くに工房を構えていた。

「パンフレット、リーフレット、ポスター、折り込みチラシ、会社案内、帳票類などのデザインと印刷を手がけていました。年商では３０００万円を超えた年もあったんですよ」

それなりに順調な商いを続けていたのだが、08年のリーマンショックで一気に需要が落ち込んだ。追い討ちを掛けるように東日本大震災も発生。受注、利益とも低水準をウロウロする状態に陥る。

「企業の広告宣伝費削減、ペーパーレス化が大きかった。紙媒体よりネットで広告を打つというのが伸びてきたんだ。これが痛かった」

意外なところでは少子化の影響も。

「印刷屋と少子化の間に何の関係があるんだと思うでしょうけど、うちは公立の小中学校の文集作成や卒業アルバムの制作も委託されていたんです。ところが子どもの数が減っていくものだから数は落ちる一方でした」

学校の統廃合もあったので作成部数は90年代半ば頃のほぼ半分。売上げで数百万円の減少という落ち込みようだった。

「一部外注に出していたものを内製化する。印刷用紙やインクの仕入れは価格の安い業者に変更するなどして立て直しを図ったのですが、焼け石に水でした。同業他社との競争も激しくなって立ち行かなくなってしまった」

18年3月の決算は300万円近い赤字を計上。過去の設備投資に伴う借入金返済も重荷に。受注は更に減少、品物を納めた会社が倒産して代金の未収が数件発生。とうとう資金繰りがつかなくなり事業継続を断念し、自己破産を申請したという顚末だ。

「負債は1200万円近かった。だけど会社の金庫は空っぽ。当座預金の残高は数万円。わたし個人の資産もほとんど吐き出していたからどうにもならなかった」

自己破産と債務免責はあっけないほど簡単に認められ、どうにか借金からは解放された。

夫婦共働きでどうにか暮らす

「生きていかなきゃならないからクヨクヨしてる場合じゃないでしょ。息子も娘も学校を卒業していた。妻と2人で暮らす収入があればいいと思って職探しを始めたんです。働けば社会との接点も持てるから」

ハローワークの紹介だったが、面接はあっさりしたものだった。

「詳しい職務経歴書なんて求められなかった。ホワイトカラー的な仕事ならともかく、契約の用務員採用なんてこんなものですよ」

給料はというと、当然だが安い。賃金は日給制で1日8400円。8時間労働なので時給にすると1050円、東京都の最低賃金とほぼ同じという額。

「月に24日出勤だと約20万円。残業はあっても月7、8時間なので支給額は21万円ぐらいですね」

通勤のための交通費は出るが家族手当や住宅手当などは一切ない。世間がボーナスシーズンでも関係なし、寸志も出ない。退職金もない。

「まあ、仕事は楽だからね。裏口の通用門で受付をするのですが、来訪者は1時間で2人ぐらいです。天気の悪い日だと2時間で1人も来ないことがある。蛍光灯の点灯管を取り替えたり、トイレのペーパータオルを補充したりするのも仕事ですが、自分が経営者だったとしてもこの仕事だったら労賃は20万円がいいところだと思う」

支給額が約21万円だとすると手取りは17万円台の半ばぐらいか。夫婦2人だけとはいえ、これだけで生活していくのは至難の業だから終業後に副業に励んでいる。

「2つ目の職場は自宅最寄り駅周辺のアーケード街にあるドラッグストアです。本業は17時で終業なんです。なので残業のつもりでやることにしたんだ」

やることはレジ打ち、商品棚の補充、閉店後の後片付けなど。

「月火水金の4日は18時から21時30分までの3時間半。土曜日は正午から16時までの4時間働いているんです。こちらの時給は1100円です」

先月は79時間働いたので8万6900円の収入だった。本業の給料と合わせると使えるお金は26万円ほど。

「倒産の後始末がひと段落してから妻も働きに出るようになりまして。日本郵便の集配局で郵便物の仕分けやゆうメールの配達下準備などをやっています。彼女の月収が10万円ほどあるので助かっています」

老いと金欠

2人の合計で使えるお金は35万円以上あるが生活は楽ではない。

「最大の出費は医療費です。わたしが60歳、妻が58歳。この年齢になるとあちこち悪くなって病院と縁が切れないんですよ。わたしは糖尿病持ちのうえ高血圧と高脂血症もあって6週間ごとに通院し、血液検査と尿検査をやっているんです」

　1回の通院で病院の窓口に払う医療費は2800円。調剤薬局で6週間分の薬を出してもらうと約5700円も請求される。

「往復のバス代も加えたら、1回病院に行くと9000円も出ていく。年間で9回ですから8万円超えるもの。そのうえ市販の風邪薬や鼻炎薬、胃薬、整腸剤、消炎鎮痛剤のぬり薬などで年間に8000円ぐらい出ていくから嫌になる」

　健康自慢だった奥さんも、この4年の間であちこちに不具合が出てきている。

「妻は53歳頃から子宮筋腫をやっちゃって。いくつかの治療を受けていたけど芳しくなく、筋腫だけを切除する手術を受けました。このときは3週間入院しましたね。これが引き金だったのか、その後もあちこち悪くなっている」

　まず五十肩で左腕が痛くて上げられなくなり、ずっと湿布と痛み止めを服用しているそうだ。しかし、あまり効かないようで、3ヵ月前から2週間ごとに痛み止めの注射もするようになった。

「今まではなんともなかったのに、今年から花粉症になって耳鼻科通いもしたし。去年1年間に妻が医療機関の窓口で払ったのは約8万円ぐらいになります」

こんな塩梅なので２人合わせた医療費は18万円近い。収入がそう高くないのだから結構な金額だと思う。

「そのうえわたしは去年半ば頃から眼のかすみも出てきましてね。心配だったので眼科の先生に診てもらったら初期の白内障だということだった。そのとき老人性白内障と言われまして、ちょっと落ち込んじゃったよ」

今のところは点眼薬だけで対処しているが、いずれは人工水晶体を入れる手術が必要になると言われた。

「身体の衰えは切実に感じますよ。就寝中に両脚のふくらはぎがこむら返りになって飛び起きたことがあるし、昼の仕事中に耳の奥が痛くなり、その後も１時間ぐらい耳鳴りが止まらなかったことがある。妻も年に数回だけど肋骨の辺りに鈍痛が出て横になることがあるし。確実に老いているなあと悲しくなる」

会社が駄目になってからは交際の範囲、交友関係、生活圏などがどんどん狭まっている。

「何をするにも仕事を中心に回っていたんだなと思いますね。だから仕事が上手くいかなくなったら疎遠になる、そういうことですよ」

幸いなことに自分の姉弟、妻の兄などの親族に金銭的な迷惑をかけなかったことが救いだ。だけど経営していた会社が倒産したことは明かしていない。同情されたり心配されるのが嫌なので自主廃業したんだとだけ告げてある。

「今の生活ですか……？　個人的な生活に潤いとか楽しみはありませんねえ」

昔から絵を描くのが趣味でカルチャーセンターの水彩画講座に通っていたことがある。そこで親しくなった人たちとスケッチ旅行に行ったり、絵画展などに連れ立って出かけていたが、今は趣味に費やすお金も時間もないからすっかりご無沙汰だ。

「親戚の慶弔事があると、まず最初にいくら包まなきゃならないんだと考えちゃってね。我ながら嫌になる」

このゴールデンウィークは5月5日だけ夫婦とも公休日だったので、夕食は奮発して中華レストランで食事したのだが、外食したのは正月以来の贅沢だった。

「今の目標は現状維持。ここが土俵際だと思っている」

ドラマや小説のように会社を倒産させた人間が何かのきっかけで見事復活し、以前よりも隆盛を極めるなんていうのはお伽話。そもそも、もうそんなエネルギーはない。

「何としても今の収入を維持する。これ以上、身体を悪くさせない、重い病気にならないよう健康管理に努める。妻を怒らせない。これだけです」

26歳のときに独立して27歳のときに会社設立。徐々に規模を拡大させピーク時は年商で3000万円、個人収入が1000万円ということもあったが幕は下りた、現実を受け止めて生きていくしかない。

「男性の平均寿命は81歳ぐらいですよね、まだ先は長いよな」

嫌でもあと20年ぐらいは生きていかなきゃならないが、もうしんどいと心が折れそうなときもある。

◎貧困にあえぐ4人の座談会

貧乏最前線

格差、新型コロナ、物価高……。嫌なことばかりが続いているが、ごく普通の生活者たちはどんな暮らしぶりでいるのか。困っていることはあるのか。何に不満や不安を感じているのか。自称ワーキングプア、貧困層という4人の方々に集まってもらい生活状況、経済的事情、言いたいことなどを赤裸々に語ってもらった。

参加者プロフィール

平井伸浩（28歳）
大学卒、派遣社員。大学卒業後に外食産業に就職したがブラック度が高い会社だったため、約2年で退社。アルバイトを経て派遣会社に登録、携帯電話会社の販売店に派遣され販売と事務処理に従事。

金沢美幸（35歳）
短大卒、パートタイマー。短大卒業後に印刷会社に就職。28歳のときに結婚し30歳で長男を出産。退職して主婦兼ママで過ごしていたが20年9月から食品雑貨スーパーの半日パートで働き始める。夫は中堅旅行会社の営業マン。

土屋景子（45歳）
専門学校卒、契約社員。経理・ビジネス系の専門学校を卒業して機械加工会社に就職。寿退職して主婦業に専念していたが結婚生活約15年で離婚。現在は業務請負会社の契約社員で倉庫作業に従事。高校1年生の娘と中学1年生の息子を育てるシングルマザー。

吉田貴司（53歳）
大学卒、正社員。大学卒業後に建築会社に就職したがリーマンショック後の09年にリストラで退職。以後は職を転々とし16年に食品製造会社に工場作業員として採用される。契約社員を経て正社員になれたが賃金は相変わらず日給月給制のまま。家族は妻と社会人1年目の長男、大学2年生の次男。

――まずは皆さんのお仕事の現状はどんなものでしょう？

平井：今は派遣でして。渋谷にある携帯電話会社の大型店で商品とプランの説明、販売や事務処理を担当しています。

金沢：食品中心のミニスーパーのパートスタッフです。勤務は午前、午後の交替制で1日の就労時間は4時間。フルタイムの仕事を探しているのですが子どもが未就学児だと面接でハネられてばかりです。色々と不満はありますが、とりあえず家計の足しになる収入があるのはありがたいですね。

土屋：業務請負会社の契約スタッフです。家電量販店の物流センターで商品のピッキングや梱包、伝票処理、トラックへの詰め込みなど何でもやらされている。広いセンターを歩き回るので終業する頃には足腰が痛くて大変ですね。

吉田：わたしはコンビニ惣菜などを作っている食品会社の工場でコロッケを揚げたり野菜をカットしたりする作業をやっています。つまらない仕事ですよ。

――収入的にはいかがですか？

吉田：安いですよ、何たって日給9200円ですからね。4週6休、残業20時間でも月収は25万円で、賞与は出るけどわずかばかりの金額です。この10年は年収320万円がやっとです。

土屋：わたしは日給月給で働いています。4月に賃上げがあったけど1時間単価で見たら15円上がったぐらいでした。月収はやっと20万円というレベル。生活は楽ではありません。

平井：自分も基本的には時給です。アルバイトよりは高くて時給1460円。月収は23万円前後ですね。わたしは社会人になってから一度も年収が300万円を超えたことがないんです。やっぱりワーキングプアだと思います。

金沢：わたしの場合は夫の扶養の範囲内で働きたいので年収は100万円までと決めているんです。月収だと約8万円ですが、今はこれで満足です。子どもに手がかからなくなったらフルタイムの仕事に復帰するつもりですが。

吉田：今はこれで仕方ないと思っているけど、それでも彼我の差は感じますね。特にボーナスシーズン。日経新聞に大手の平均妥結額が89万円って載っているのを見たときは溜め息しか出てこなかった。

平井：わたしは今まで一度もボーナスをもらったことがないです。公務員や大手企業の人はいいなあって思いますよね。

土屋：募集案内にミニボーナスありって載っていたので期待していたけど、金額は3000円でしたね。5年働いているけどこの夏は7000円、力が抜けますよ。

金沢：短時間パートなので寸志も出ない。夫は正社員で管理職だけど金額は大手企業の3分の1ぐらいですかね。

吉田：それだけあればたいしたものだと思うよ。

――皆さんはご自身をワーキングプア、貧困層だと自嘲気味におっしゃいますが、どんなときにそう感じるのですか。

平井：思春期からずっと思っています。高3のとき、同級生に大学に行くには金がかかるなあって言ったら、そいつは怪訝そうな顔で、普通その金は親が出すものだろって言ってきたので悔しくなりました。大学は奨学金とアルバイトで何とか卒業できたけど、教科書すらろくに買えず図書館で読んでいました。ゼミの研修旅行や卒業旅行も断るしかなかったので、やっぱり惨めでした。

金沢：わたしも子どもの頃から薄々感じていました。ずっと県営の古い団地アパート住まいで年寄りと品のない人が多くて、友だちに家どこ？　って聞かれても恥ずかしくて本当のことを言えなかった。

吉田：生活のあらゆる場面で感じます。体調が悪かったり奥歯の詰め物が取れたりしても、まず頭に浮かぶのは病院代のこと。年末に町会の人が来て歳末助け合いの募金を求められても払いたくないし。家族全員が出払っているのにウォシュレットの電源が入ったままだったらもったいなあって思う。

土屋：一昨年に坐骨神経痛になりまして。整形外科の先生に身体に合うコルセットを作った方がいいと言われたんですが、自費で4万円ぐらいと言われて諦めました。ドラッグストアで売っている既製のコルセットで誤魔化しましたよ。

金沢：お金がないと精神的に疲れますよね。

土屋：四六時中、節約のことを考え、あれは我慢、これも我慢という生活だと息苦しくて、耐えるのはしんどいものね。

（一同苦笑いで頷く）

――最近の大きな出費は何ですか。

吉田：去年は次男が大学に進学したのですが、そのときの納入金です。入学金と授業料、施設費など合計で130万円。最初の費用は払ってやるがあとは自分で半分ぐらい工面してくれと言ってある。

土屋：うちも子どもの学校に係わる出費が大きい。県立高校、市立中学なので学費は必要ない。だけど制服、体操服、修学旅行の積立など払わなきゃならないから。

金沢：どれくらい必要なんですか？

土屋：娘の制服は夏服と合わせて2万8000円。体操着と運動靴で6000円ほど。息子もほぼ同じ金額でした。修学旅行の積立は2人で月1万7000円。高校、中学と同時進学だったから郵便定額貯金を解約しました。給食費も上がるって通知があったし。

金沢：今の段階から備えておかないとまずいですね。

平井：自分は奨学金の繰上げ返済ですね。6回分で約8万円だった。

吉田：教育費ってのは聖域的なものだけど本当に高いと思う。

土屋：塾代、模擬試験の費用も必要だし習い事も。子どもたちからいくつもお稽古事や習い事をしている同級生がいると聞くと、申し訳ないなあと思う。子どもの才能や可能性を伸ばすのが親の役目だし、そういうことをやってあげられないのは親としてつらいものがある。

吉田：クラブ活動にもお金が必要だしね。うちは、上の子は高校で硬式野球をやっていたけどユニフォーム、練習着、その他の用具代を合計すると10万円ぐらい必要だった。練習試合の交通費もあったし。下のは中学から吹奏楽部だったけどフルートを買うのに4万円必要だったからね。

平井：わたしは貧乏なのが分かっていたからお金の必要ないことしかやりませんでした。中学は園芸部で、高校では帰宅部でアルバイトをしていました。やりたいことをやれる人が羨ましかったです。

――節約、倹約の知恵ってありますか？

土屋：衣料費はできるだけ抑えていますね、特に子どもたちの。娘の服を買いに行って「ママ、どっちが似合う？」って聞かれたら、迷わず安い方を猛プッシュ。

高い服を気に入ったら「似合わない」「あんまりかわいくない」を繰り返して断固阻止。似合うかどうかより値札で判断しちゃいます。

金沢：年頃の女の子は金食い虫だって母がこぼしていたことがありましたね。

平井：わたしはシーズン終わりに買うようにしています。桜が咲き始める頃に冬物のセーターとか防寒具、秋口に夏物のシャツや短パンという具合に。

吉田：わたしの場合だと10年以上もスーツを買っていない、もう必要ないからね。ジャケットも5、6年は着ますよ。家着のトレーナーは長男のお下がりだし。

金沢：うちも子どもの服は兄のところのお下がりです。あとは古着屋さんで調達しています。新品を買っても1年経ったら大きくなって着れなくなっちゃうし、そのときだけ間に合えばいいですからね。

平井：電化製品なんかは型落ちした旧モデルで十分ですよね。

土屋：うちなんてテレビ、冷蔵庫、洗濯機は中国や韓国の会社のものばかり。東芝とかソニーのものはひとつもない。

吉田：交際費的なものもできる限り抑えています。親族の冠婚葬祭すら適当な理由をつけて辞退することがある。そうすると付き合いが途絶えて孤立するリスクがあるけど。

金沢：最近は物価が上がり続けているので食費も削れるものは削るようになりました。例えばマヨネーズやケチャップは徹底的に使い切ります。絞り出して、最後は容器を半分に切ってスプーンで掻き出す。

土屋：クリスマスケーキやピザは手作りです。いいお母さんを実践しているんじゃなくてお金がかからないから。本当は不二家とか銀座コージーコーナーのかわいいケーキ、具材がたくさん乗ったピザを食べさせたいですけど。

金沢：お肉は鶏のムネ肉が主流になりましたね。スーパーの特売だと100グラム58円で買えるので。お米も安いオーストラリア米。

土屋：1本いくらで並べられている人参とか大根を買うときは手に取って重さを測る。1円の重みにピリピリします。

金沢：食材を買うとき、あと100円出せばランクアップするのに、その100円を出すか悩んじゃいますね。

土屋：スーパーにしろディスカウント店にしろ安いものって中国とかベトナム製ですよね。本音を言えばちょっと心配ですけど、使えるお金が決まっているから買わざるを得ない。食の安全よりも、まずはお腹が一杯にならなきゃ。

吉田：うちも同じようなものです。妻も働いているので平日の夕飯はスーパーのお惣菜が中心でね。油で揚げたものが多いから食卓が茶色で、いかにも身体に悪いなって思います。なるべく野菜を食べるようにしているけど天候が悪いと高騰するでしょ、トマトがひとつ158円なんて手が出せない。タンブラーでミニトマトを栽培してみたけど美味しくはなかった。

平井：外食はほとんどできませんね。自炊はしていますが、食べるのは親子丼、焼肉、炒飯、野菜炒め、塩鮭、魚の缶詰、レトルトのカレー、冷凍食品。こんなものばかりです。朝は前日にスーパーで買っておいた見切り処分品なのでおにぎりとジャムパン、団子とポテトサラダみたいな変な組み合わせのときがある。やっぱり野菜を食べないので背中が痒くなったり便秘気味になったりで、体調は良くないですね。

吉田：コンビニにはなるべく行かないようにしている。あと折りたたみの傘は常備しています。夏場に外出するときは飲み物持参。

土屋：コンビニは鬼門ですよね。娘は友だちとコンビニに行っては定価でペットボトルを買うんだけど税込150円、馬鹿じゃないかと思っちゃう。激安スーパーの無名ブランドやまいばすけっとのPB品なら70円ぐらいなのに。仲間はずれにされたりいじめに遭ったりするのを考えるとコンビニで買い物するなとは言えないし。

――最近の物価高騰は痛いですか？

吉田：妻は食料品の値上げが凄いってこぼしていますし、自分も当番で買い物に行くけどそう思います。よく買うのは1袋29円のもやし、1丁58円の豆腐、3個パック88円の納豆。栄養価が高いのが救いですね。

土屋：うちは3人で毎月の食費を3万円に抑えるようにしているのですが、これで買える食品の量は確実に少なくなりました。だから野菜以外は週に1回、業務スーパーとかドンキに行ってまとめ買いするようになりました。

金沢：閉店間際のスーパーで値引きシールが貼ってある肉、魚、惣菜などを底値で買っておくのも大事ですね。その日は使わなくても買い集めて冷凍しておけば、かなりお得ですから。

吉田：妻が話していたけど、値上がりしていないのはお米ぐらいなんだってね。食パン、カップ麺、お煎餅などは何度も小幅な値上げがあったらしいし。

平井：外食も値上げラッシュですよ。よく利用する幸楽苑、王将、鳥貴族などがたいていのメニューを20～30円値上げしていました。

金沢：ガストの日替わりランチも値上げしていましたよ。ドリンクバー付きだと175円も高くなった。ミスドもロッテリアも値上げするっていう話ですね。息抜きやささやかな楽しみもお財布と相談しなくちゃならない。

土屋：食費を削るしかない生活では外食なんてできない。デニーズやジョナサンなんて子どもの誕生日だけです。

吉田：ガソリンが高止まりしているのも痛い。夜勤のときは自前の軽自動車に乗っているけど、ガソリンを満タンにすると車体が重くなって燃費が悪くなるので、給油するときはタンクの半分までしか入れない。

金沢：電気代、ガス代の値上げも止まらないみたいですね。特に電気代は2年前と比較すると月3000円も多くなっていました。冷暖房も倹約ですよ。

土屋：冬の暖房代を節約するには足湯がいいですね。家にいるときは厚着すればなんとかなるけど帰宅直後や起床直後は身体が動かない。そんなときは洗面器にお湯を張って足湯をする、すぐに温まりますよ。

平井：休日は家にいると電気代や水道代がかかるので、図書館とか生活センターに行っています。無料の給茶器もあるし新聞や週刊誌も読めますから。

土屋：子どもたちの制服のクリーニング代も上がっています。ブレザーの上下、詰襟の上下は1600円超えちゃいましたね。今までは近所の個人経営でやっているクリーニング店に出していたけど、少し安い大手チェーンの取次店に変更しました。

吉田：たまにリフレッシュ目的で行っているスーパー銭湯も値上げするって貼り紙が出ていましたね。燃料が高くなっているのだから仕方ないんでしょうけど。

金沢：日本銀行の総裁が消費者は値上げを容認しているなんてのたまっていたのはイラッとしますね。

土屋：ハイソな人は下々の暮らしなんて想像できないんですかね。

吉田：想像力が乏しいんだよ。

――今感じている不安、心配事などがあったら教えてください。

平井：仕事と雇用が不安です。自分の場合は派遣で6ヵ月ごとの契約更新制で働いています。この先、直接雇用に転換することはないだろうし、必要がなくなったら切られるのは目に見えている。いくら権利を主張したところで期間満了だからって言われたらおしまいですから。早く直接雇用、正社員で働けるところを探さないと。

吉田：就職活動はやっているの？

平井：ハローワーク、ヤングハローワークには定期的に通っていますし、人材会社が主催するジョブフェアにも顔を出しているのですが、上手くいきません。自分の年齢だとまず経験を求められる。介護、陸送、飲食は門戸が広いけどブラック度が高そう。まずは宅建士の資格を取って不動産関係に進めるようにしたいです。

金沢：夫が失業しないか心配で仕方ない。コロナで収入は減り続けているし同業他社には倒産したり自主廃業したりしたところもあるそうです。もしそんなことになったら、日雇いでも何でもやるって言っていますけど。

土屋：わたしは、まずこの物価高を何とかしてもらいたい。新聞とかテレビでは○○が3％から8％の値上げとか、△△は2年前に比べて3割上昇なんて解説しているけど、実感としてはほとんどのものが倍近くになった感じです。

金沢：それはわたしも実感します。収入はほとんど上がっていないのに食品、電気代、ガス代、ガソリン、灯油と生活必需品は高くなるばかり。生活は縮小するばかりですよね。

土屋：まだまだ値上げは続くっていうから大変ですよね。本当に頭が痛くなる。

吉田：わたしはとにかく健康が心配です。血糖値が高い、血圧も高め、五十肩が治らない、週末は腰痛が出る。摂生して大病にならないようにしないといけません。病気になっても医療費が払いきれないから。

平井：お仕事についてはどうですか？

吉田：クビにならない程度には働くよ。だけど身を粉にして頑張ろうなんて思わない。利那的に思うだろうけど1日のうち8時間から10時間を売って金に換えている。そう考えています。あとは妻を怒らせないことですね。熟年離婚なんてことになったら男は惨めなものだから。

土屋：わたしはもう上がり目は期待できないけど子どもたちにはいい仕事に就いてもらいたいし、経済的にも豊かな暮らしを続けられるようになってもらいたい。２人とも大学に進めるようにするのが務めだと思っています。公務員とか資格で食べていけるようになってほしい。子どもだけ、わたしの人生は子どもだけです。

平井：半年後、１年後はどうなっているのか分からない。この先の仕事や生活の不安で眠れないこともあります。

金沢：総理は成長と分配とか、新しい資本主義なんて言っているけど信用できないですし。

吉田：社会がどんどん悪い方向に行っているのではと思うことがある。数万円のために自殺したり犯罪に走ってしまう人がいるでしょ。トチ狂ってると思う。

土屋：あまり暗いことばかり考えず、前向きにやっていこうとは思います。

（一同嘆息混じりで頷く）

【第3章】

終わらない節約生活

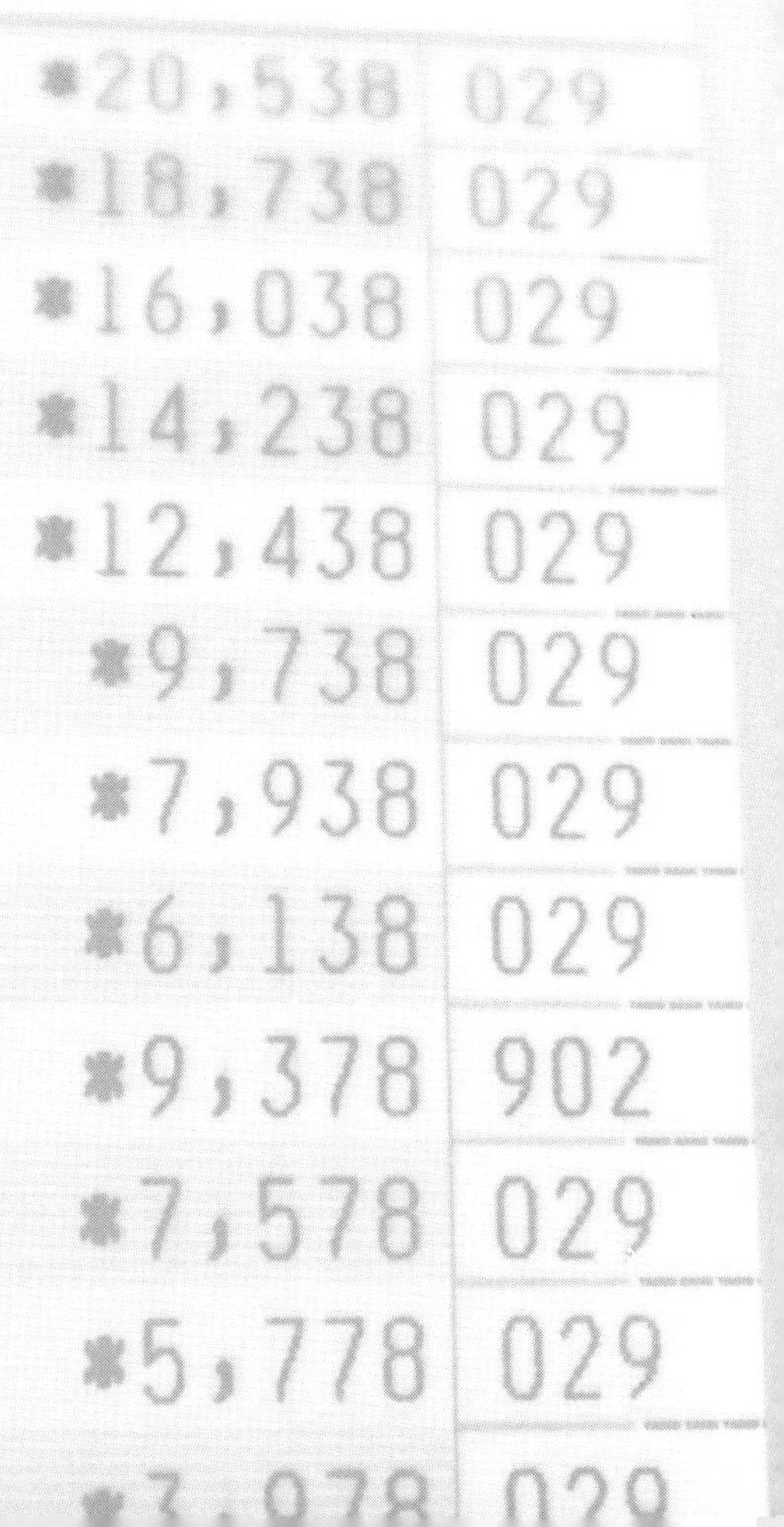

No.10

25歳のうつ病女子

秋本智美（25歳）
出身地：群馬県沼田市　現住所：東京都墨田区　最終学歴：短大卒
職業：パチンコ景品交換所窓口業務　雇用形態：アルバイト
収入：時給1100円、月収は11万円ほど　住居形態：賃貸アパート　家賃：5万円
家族構成：独身　郷里の両親は健在、他に弟　支持政党：特になし
最近の大きな出費：デッキシューズ購入（1280円）

就活が難航し、うつ病に

仕事場に向かうためアパートを出るのは夕方5時過ぎ。1月上旬なのでこの時刻ではすっかり日が暮れているが、この暗さが気分的には落ち着く。仕事場は駅近くの雑居ビルの1階にあるパチンコ屋の景品交換所。ここで店番をしているのだ。

「地元（群馬県）の短大を卒業して就職したのがこちらの会社なんです」

新卒で入社したのは業務用化粧品の製造販売会社。理髪店や美容院で使用するシャンプー、リンス、コールドパーマ液、ヘアカラー、その他の用具を取り扱っている中堅どころの会社だった。

「だけど正社員での採用ではなく契約社員での入社です。将来的には正規雇用に転換するからと言われていたのですが、3年ちょっとで雇い止めになりました」

理由は業績の悪化。正社員のリストラもあったから契約社員の身では抵抗しようがなかった。

「おざなりの送別会があって追い出されました」

会社都合の退職なので失業手当は7日の待機で支給対象になった。ところが再就職はまったくの不調だった。

「ハローワーク経由で応募しても半分以上が書類選考でハネられました。面接まで進めたのは4社あったのですが最終的にはすべてお断りでした。お祈りメールをもらいすぎて嫌になりましたね」

就職支援会社が主催するジョブフェア、合同面接会にも足繁く参加してみたがこれはという求人は少なく、興味が湧く仕事は経験を求められる。

「自分では年齢的に第二新卒のつもりでいたのですが世間の評価は低かった。こういうわけで失業手当があるうちに次の仕事を得るのは駄目だったんです」

ここはとりあえず派遣とも思ったが、今度は安定した正規雇用の仕事に就きたいと思っていたのでアルバイトを掛け持ちしながら、引き続き就職活動することを選択した。

「自分では手応えがあったところも何社かあった。これなら大丈夫だろうと期待していたけど結果は不採用。こういうことが続いてメンタルがおかしくなってしまいました」

まず下痢と便秘を繰り返す。眠りが浅くなり、そのうちまったく眠れない日もあるように。イライラや耳鳴り、食欲不振などの症状も出てきて耐えられなくなり病院へ。内科ではこれといった問題は出てこず心療内科へ回された。そこで下された診断は軽度のうつ病。

「何となくですがそんな気がしていたので驚きはしませんでした。図書館にある家庭の医学などを読んでみたら符合することがあったので。ドクターからうつ病ですと知らされても冷静でしたね。ああ、やっちゃったかという感じです。これで職探しは一時中断となってしまいました」

およそ半年間は貯金を取り崩して暮らしていたが、そんなに多くの蓄えがあるわけではない。貯金の残高が100万円を切ると無性に不安になった。

「ハローワークに通うのだって交通費が必要なわけだし」

とりあえずアルバイトでいいから働こうと決意したが、精神的に不安定なときもあって人と接するのは緊張して駄目。

「睡眠障害も完全には治っていなくて。夜に眠れず明け方になって眠くなったり、日中は終始だるかったりするのですが、日が傾く頃に元気になってくるような感じでした。そういうわけで夕方から4、5時間働けるところはないかと探していたら、たまたま見つけられたんです」

勤務時間は夜6時から10時30分までの4時間30分、時給は1100円。休憩時間は定められていないが客のいないときにトイレに行ったり、コーヒーを飲むぐらいは咎められない。

「わたし、世の中にこんな仕事があるなんて知りませんでした。パチンコなんてやったことがないし家族もそうですから」

店で勝った客は出した玉数に見合う香水瓶を持って交換所に来る。それを買い取ってお金を渡すのが仕事だ。

「人相や風体の良くない人が多いですよ」

子ども連れでやってくる女性や高齢者も多く、正直に言ってこれまで関わってきたことがない人たちばかり。体調が良ければ絶対にやりたくないことだが贅沢は言っていられない。

「収入は週6日出て月11万円あるかないかっていう金額です」

これだけでは暮らせないので貯金から2万円出してなんとかやっている。

「1ヵ月の生活費が13万円というのは東京都の生活保護と同じだそうです。要するに貧乏ですね」

買い物は安物にこだわる

月々の支出はどうかというと家賃、水道光熱費、社会保険料、医療費などを合計すると10万円超。食費その他を2万7、8000円でやり繰りしている。

「食費は1万8000円が上限。これ以上は絶対に使わないようにしています」

お米、味噌、醤油などは実家から送ってもらっているので助かっている。

「買い物はとにかく安いもの、これが絶対条件です。ギフトの解体品なんかも買うし、缶詰は凹んでいるものや缶のプリントが少し剝がれているワケあり品を激安で買っています」

100グラム入りのインスタントコーヒーが188円。缶入りの野菜ジュースは19円という具合に。

「電気代を節約するためにご飯は一度に5合炊きます。これでお茶碗10杯分になるんです。間にうどん、そば、パスタ、食パンを組み込むので1週間分になります」

おかずの7大レギュラーは99円の鯖の味噌煮、鰯の蒲焼きなどの缶詰、1袋29円のもやし、1個47円のコロッケ、54円のレトルトカレー、3パック68円の納豆、9個98円の餃子、8本108円のウインナーなど。

「お肉は鶏のムネ肉ばかりです、特売だと100グラム38円で買えますから。あとは100グラム78円の豚ひき肉。牛肉は2年近くも食べていませんね」

食事は質素の一言に尽きる。昨日は何を食べたかというと、11時頃にブランチでご飯2膳、鰯の丸干しを1尾、ゆで卵を半個。アルバイトに行く前にもやし3分の1袋を入れただけのインスタントラーメン、残しておいた半分のゆで卵。ラーメンスープはマグカップ1杯分残しておいた。

「夕飯は0時近くになってからで、買い置きして冷凍しておいたメンチカツ1枚とオニオンスライスに中華ドレッシングをかけた和え物、温め直したラーメンスープでした」

食材費は毎日300円程度。栄養のバランスだとか食の安全は二の次、三の次だ。

「今のところは体調不良にはなっていません。だけど安い炭水化物主体の食生活なので体重が増えています。血色も良くないし肌荒れあるのでいい状態ではないみたいです」

倹約は食費だけでなく電気代も。

「12月に入ってからブレーカーを頻繁に落としています。冷凍庫に入っている食べ物がカッチカチに凍っているのが前提ですけど」

就寝するときにブレーカーを落とし、起床する8時頃まで通電していなくても冷凍庫の食品が溶けていることはなかった。

「夕方に出かけるときも電源をオフにします。帰るのが11時くらいなので5時間だから何の問題もありませんよ」

電源を切っている時間は毎日10～12時間。3月一杯ぐらいまで続けるつもりだ。

「以前は毎月の電気代は5500円前後だったのですが、半日近く電源を切っているので4000円かからないんです。夏は食べ物が傷むから無理ですが」

暖房も朝しか使わない。在宅しているときには部屋の中でもダウンジャケットを着て腰やお腹周りにはカイロを当てている。

「水道代を浮かすためにはトイレは外出しているときに済ますようにしています。ショッピングセンター、駅、図書館で1回してから帰るようにしているんです。お風呂（ユニットバス）も節約していて、シャワーを全開で使うなんてもったいなくてできないので半開でチョロチョロ流しています」

我ながらいじましいと思うけどお金がないのだから仕方ない。

「お金がないとお洒落もできません。シャンプーやリンスはドラッグストアでもらった試供品。リップクリームは100円ショップで買ったものです」

シーズンごとに新しい服を買うこともできなくなった。

「家着はリサイクル店でしか買わなくなりました。しかも特売品だけ。ブラウスとかネルシャツは4､500円ですから。このトレーナーは去年のクリスマスに救世軍のバザーで買ったのですが、なんと300円でした。今のわたしにはユニクロやしまむらでも高級品です」

以前は行きつけの美容院でカットとシャンプー、ブローをしていたが、この1年通っているのはカットのみ980円の格安店。

「おじさん、おじいさんたちに混じって順番待ちしていると浮いた感がありますね。女性で来店しているのは中年以上ばかりだし」

1円だって無駄使いしたくないから格好悪いなんて言っていられない。

将来への不安が募る

「でも、これは安いと思って買ったもので逆に損をすることもあります。100円ショップで下着代わりにTシャツを買ったのですが、洗濯したらもの凄く縮んでチビTみたいになっちゃったし、手洗い用の固形石鹸も溶けるのが早かった。靴のディスカウント店で買った白のデッキシューズは一度洗ったら全体的に黄ばんでしまいました」

１００円ショップで食べ物を買うこともあるが、安さに釣られて買ったインスタントラーメンは揚げ油が合わなかったのか下痢をしてしまった。コンビニより安いから買ったお菓子がスーパーの方が20円安くて損をしたこともある。

「こんなことがあると倹約疲れを感じちゃいます」

同時に、何でこんなことやってるんだと自己嫌悪に陥ることもある。

「今のささやかな楽しみはアルバイトのお給料が出た日の夜にアメリカンドッグをつまみにして缶チューハイで一杯やること。一昨日も夜ドラの孤独のグルメを観ながら飲みました。主人公は健啖家で３０００円ぐらいのお昼を食べていたけど、わたしの息抜きと自分へのご褒美は２５０円ほど。随分と差があるなあと思いました」

これから先のことに対しては不安が大きい。一番の心配はやはり金銭的なことで、早いところフルタイム、社会保険加入の仕事に就かないとまずいと焦っている。

「精神状態はいくらか回復したと思います。イライラすることはあまりなくなったし、眠れない日も減ってきていますから。早いところ社会復帰したいですね」

この先もずっとパチンコ屋の景品交換所で月11万円程度のアルバイトをやっているわけにはいかない。こんな貧乏生活では干上がってしまう。

「これ以上のブランクを作るのはまずいとも思うし」

正社員、直接雇用で新たな仕事を得たいが、それが難しいなら次善の策として派遣で働くというが現実的だと思う。

「この歳になって実家に戻り、生活の面倒をみてもらうわけにはいきませんから」

きちんと働いて生活の糧を得る。そんな当たり前のことがこんなに難しいとは思わなかった。

正社員なのに生活苦

No.11

小畑敏雄（27歳）
出身地：埼玉県所沢市　現住所：東京都練馬区　最終学歴：高校卒
職業：設備工事会社技能職　雇用形態：正社員　収入：月収22万円
家族構成：独身　住居形態：賃貸アパート　家賃：5万8000円
支持政党：日本維新の会　最近の大きな出費：原付バイク（諸経費込みで約13万円）

薄給と急な出費で大ピンチ

駅ビルに入っているホビーショップ──。ここに来たのはアニメグッズを買い取ってもらうため。査定をしてもらったが、結果はガッカリな金額。

「自分が期待していた金額の半分以下だった」

売却したのは人気マンガの初版特別仕様版、キャラクターグッズ、フィギュアなど15点。

「思い出のコレクションなので手放したくなかったけどお金がないから仕方ない」

買ったときの合計金額は3万円を超えるが、買い取り金額は5分の1ほどで6千数百円。このお金は次の給料が振り込まれる4日後までの生活費。

「とりあえずお米を買わなきゃ、今日と明日はスーパーの特売でいつも1580円の無洗米が1380円になるんです。早いとこ帰らないと」

税金分を加えると216円浮く。これでプライベート商品の食パンが1斤とレトルトカレーが2袋買えるのだ。たかが216円と侮ってはいけない。

「今の仕事は設備工事会社の技能職です。勤めている会社はガス会社、ホームセンター、家電量販店などと契約している下請け工事会社で給湯器、ガス湯沸かし器、システムキッチンやビルトインコンロ、エアコンなどの取り付け工事、メンテナンスをやっています」

12年に高校を卒業して入社、正社員で勤続9年になるが給料は低いという。

「高卒1年目は15万2000円でしたね。毎年少しだけ昇給していますが今年（21年）の基本給は17万8000円です」

20時間前後の残業代と住宅手当を合わせても月収は22万円ほど。

「手取りになると18万円台半ば、俺は安いと思うんですよね……。どう思います？」

ボーナスはあるが半期で1ヵ月プラス慰労金。

「年収は去年で285万円ぐらいでしたね。35歳の職長さんでも年収は340万円ぐらいらしい。下請けの工事会社なんてこんなものです」

今年はコロナの影響で昇給はなし。夏のボーナスも0・8ヵ月分に下がってしまった。

「冬も期待できません。だから年収は下がるのが確実です」

こんな状況で収入が減るというのに、借金を作ってしまったことが最大の心配事。

「クレジットカードを作ったのがまずかったと思う」

ショッピング枠で5000〜8000円ぐらいの決済で使っていたのだが、急な出費が発生して、ついキャッシング枠で20万円も借りてしまったのだ。

「借りたお金は急な引っ越しで必要だったんです。前に住んでいたアパートでボヤ騒ぎがあって、上の部屋の一部が燃えました。それで消防がジャブジャブ放水したから、真下の俺の部屋が水浸しでメチャクチャになったんです」

これで家具、家電品、衣類などが使いものにならなくなった。

「とても人が住めるような状態じゃないから引っ越さざるを得ませんでした」

入居契約したときに火災保険に入っていたが補償は最低限のもの。新しい部屋を契約するときに必要な金額までは出なかった。それで借り入れてしまったということだ。

敷金は返ってきたが次の部屋を借りるための敷金で素通り。前家賃と不動産屋への手数料、引っ越し会社への代金など計15万円。ついでに足代わりに乗っていた原付車も買い換えたので更に13万円。

「貯金はあるにはあったけど全部使っちゃうのは不安だった。会社には緊急時の貸付制度とかもなかったから、何だかんだ合計すると30万円の借金をこさえちゃったんです。ホント馬鹿なことをした」

これ以上の借金は作らず、ひたすら返済しているがまだ13万円ぐらいの債務を背負っている。

「自分の給料では簡単に返せる金額ではありません。借りるのは簡単だったけど返すのはしんどい」

ただでさえ収入が低いのに更に低下傾向、そのうえ借金ありだから生活は切り詰められるだけ切り詰めている。

食費を浮かす節約術

「食事は基本的に自炊です。以前は外食か弁当だったのですが、この2年近くはコロナでお店もやっていなかったし」

朝はトーストにスライスチーズ、魚肉ソーセージ、シーチキンの缶詰など。お昼は会社で給食弁当。前は出勤途中にマクドナルドに入ったりコンビニで菓子パンを買っていた。お昼も会社近くの飲食店を利用していたが今は450円の給食弁当が定番。

「俺は大食いの傾向があって、店に入ったら親子丼ともやしそばという感じで2人前も食っていたんです。これに比べたら倹約できるし栄養過剰にならなくて済む。やや肥満気味だったのが標準体重に近づいてきたので結果オーライです」

夕食も自炊。帰りにスーパーをハシゴして安いものを見つけるのが楽しみになった。

「魚はめったに食べなかったけど健康を考えて週に2回食べるようにしています。油っぽいおかずが主流でたいして美味しくない弁当よりいいと思う」

前は大の男が、これはいくら、あれはいくらと考えるのはみみっちいと思っていたが、今は厳密にコストを計算している。

「いつも食べているお米は5キロ１５８０円の無洗米、税込みだと１７０６円です。これを炊くとどれくらいの金額になるか計算してみたんですが、生米1合（１８０グラム）でお茶碗2杯分のご飯になる、これが1回に食べる分。お米5キロだと28合ぐらいになるんだな、そうすると1回のご飯代は60円ぐらい」

コンビニのおにぎりが１１０円～１３０円というのはボッタクリじゃないかと思ってしまう。

「パスタも安い食材です。どこのスーパーでも1キロ入りの大袋が置いてある。乾麺70グラムを茹でるとお店で出てくる普通盛よりちょっと多いぐらいの量になる。1袋３００円としても14回分になるので1食だと20円程度。こうやって計算すると外食や弁当はバカ高いと思いますね。商売でやっているのだからしょうがないだろうけど」

食材の調達は買うモノによって店を使い分けているし、曜日も決めている。

「自分が行くところだとお惣菜は西友がいちばん安い。肉や干物は大容量パックの業務スーパー、野菜と果物は商店街の青果店。こんな感じです。卵は月曜日、牛乳は水曜日、お米は週末が値引きデー。こうやってリサーチして出費を削っています」

買い物の際にはポイントカードやクーポン券は必須。だけど頭を使わないと損をすることがあるので要注意。

「週末はポイント2倍、月末は3倍になるけど売価が高くなっていることがあるんです。普通の日は5個パック３４８円のインスタントラーメンがポイント2倍の日は３６８円になっている。ポイントが2倍になっても20円高いものを買っているんだから損じゃない」

店側だって商売でやっているから、無条件で出血サービスをするわけがない。

生活のなかでもいろいろ節約するようになった。お茶やコーヒーはペットボトルや缶入りのものは絶対に買わない。外出するときは自室で淹れたものを容器に入れて携帯している。これで２００円、３００円簡単に倹約できる。

「最近は本物のビールは飲んでいないなあ、いつも第3のビールです。チューハイも焼酎とサイダーで自分で作る。外に飲みに行くということもしなくなった。会社の人たちから付き合いが悪いなんて言われても構わない、とにかくお金を使いたくないんです」

貧乏生活では結婚は他人事

食費以外でも無駄遣いしないよう気をつけている。雑誌は図書館で読む。お金は手数料のかからない平日の営業時間中におろす。薬はジェネリック、家電を使わないときはプラグを抜いておく……。

「借金して買った原付車は売却処分しました。走行距離が500㎞ぐらいだったので8万円で売れました」

移動の手段は自転車に変更。電動アシストではなくホームセンターで買った安い中国製のもの。自宅アパートから半径5キロぐらいの距離であればこの自転車で移動している。

「手取りがあと2万円ぐらい増えればいいんですけどね。手取りで20万円は欲しいところなんですが」

先輩に聞いた話では「この会社にいる限り月給が年齢を超えることはない」ということだった。

「その先輩はもう結婚していて、今さら転職できないと言っています。だけど生活がキチキチだから副業で日雇い派遣をやっているそうです。大企業に勤めている人や公務員にはそんな人はいないでしょうけど」

知っている範囲で副業をやっている人はたくさんいる。自家用車持ち込みで宅配便ドライバーをやっている人、飲食店の皿洗い、ビル清掃、金土だけスーパーでナイトスタッフをしている人など。

「自分も公休日に何かできないかと考えています。とりあえず出前館でもやろうかって思っているところです」

将来の見通しは、あまり明るくない。

「今のままだと結婚するのは無理でしょうね。まあ、彼女はいないんですが」

職場には出会いはなく、友だちと遊ぶことも少ないので新しい出会いは期待できない。

「俺みたいな男と結婚してくれる女性はいないと思います。こんな低収入の男では不安でしょう。やっぱり経済力は大事ですから」

今年の正月は2年振りに帰省したが、地元に残っている中学、高校時代の友人には結婚している人、そろそろ結婚するという人が何人かいた。

「東京と違って地方は結婚年齢が低いから、女の子だと子どもが2人いるのも普通です」

付き合いのある親戚を見渡しても30歳なら結婚しているのが普通。35歳ぐらいならマイホームを持っている。

「自分の場合、今のところ結婚は他人事ですね。ちょっと情けなくなる」

もっと収入の高い仕事に代わりたい、豊かな暮らしを楽しみたいと思っても学歴、職歴、特技、資格などハードルは高い。

「地元で働けるところは少ないし、継げる家業があるわけでもない。帰ってもバイトするしかないと思うと帰る気にはならない」

何かいいことないかなと願うが、つまらない毎日がダラダラ続いている。

コロナでリストラされました

No.12

松井妙子（29歳）
出身地：栃木県鹿沼市　現住所：神奈川県横浜市　最終学歴：大学卒
職業：派遣社員（前職は小売業の事務職）　雇用形態：非正規　収入：約15万円
住居形態：賃貸アパート　家賃：4万7000円
家族構成：独身、実家には両親、祖母、弟、妹　支持政党：自民党
最近の大きな出費：特になし

やむを得ず退職

羽田空港近くの人工島、ここに建っている巨大倉庫が今週の職場。広さはテニスコート5面分くらいで、様々な商品が集められている。

仕事内容は、ネット通販やテレビショッピングなどで消費者が注文した品物を棚

から取り出し、配送用の段ボール箱に入れて納品書などを同封する。次に発送票を貼り付けカートに移して一丁上がり。

1日中だだっ広い倉庫内を歩き回り衣料品、事務用品、化粧品、装飾品、食料品、書籍などの棚をせわしなく行き来する。

「かなりの重量がある商品もあります。退勤する頃には両腕、膝、腰が痛くなって、ふくらはぎもパンパンに張っちゃうんです」

荷物を持って小走りに動くことが多いからきつい仕事だ。

「栃木から上京してきたのは16年です。こちらの会社に就職したもので」

地元の大学を卒業して入社したのは都内と神奈川県を地盤に展開している食品・雑貨スーパー。本部で事務職をやっていた。

「新規学卒の正社員でしたが給料は安かったです。仕事もあまり面白くなかったし、刺激もなかった。だけどこれが現実かっていう感じでした。辞めて転職しようと考えたことはないですね」

不満はあっても正社員。給料も少しずつ上がっていったのでそれなりに満足するようになっていった。

「ところがコロナでおかしくなりました」

各店舗は時短営業で夜6時には閉店。従業員が感染した店舗は保健所の指導で2週間の自主休業、納入業者が感染した場合は予定通りの商品が届かないこともあった。

「閉店した店舗もあり、パートやアルバイトの人には辞めてもらったそうです」

そのうち契約社員、次に正社員の人減らしも始まり松井さんもリストラ対象になったという次第だ。

「コロナのせいで業種を問わず倒産が増えているという報道を見ました。勤めていたのはやや規模の大きい中小企業だから、影響が大きかったのでしょうね」

扶養家族のいる人は残してやりたい。君はまだ若いのだから再就職は可能だろう。こんな説得もあったということだ。

「不安はありましたが、本当に倒産なんてことになったら一大事ですから。退職金は出るし少ないけど転身見舞金も加算するという話だったので、辞めた方が得だと思ったんです」

本部の管理職、各店舗の店長、フロアリーダーの退職も始まったので、これは危ないのかもと思い、21年2月に退職した。

満足のいく職場にありつけず

「ハローワークで諸々の手続きをし、失業手当を受けながら転職活動を始めたのですが厳しかった」

食品会社の募集に応募したものの、1週間後に募集そのものを中止しますという連絡があり提出した書類を返送してきた。

「医療法人の事務職募集に応募したときは説明会があったのですが、担当者が採用予定は1名と言っていました。その説明会には20人以上が出席していたのでこれは無理だと思いましたね」

前職が小売業なのでハローワークの担当者から同業他社を勧められたこともあるが、正規雇用ではなく長期アルバイトが主流。事務管理部門ではなく店舗要員で、時給は1050円から1100円が相場。ブラック度も高そうでやりたいとは思わなかった。

「ちょっと前までは人手不足なんて言われていたし、わたしもまだ27歳だったから、簡単ではないだろうけどそれなりの再就職先があるとたかをくくっていました。これが完全な見込み違いでした」

コロナウイルスに対しても舐めてかかっていた。

「わたしの周りの人、親しい人、身内で感染した人はいなかったし、わたし自身も体調を崩すようなことはありませんでした。だからコロナ、コロナって騒ぎすぎじゃないのって思っていたんです。夏頃になれば収まっていると楽観していましたね」

そうこうしているうちに頼みの綱だった失業手当も終了に。再就職もままならない状態だったのでとりあえずアルバイトを探してみたが、これも狭き門だった。

「アルバイトの定番だと思っていた飲食関係は営業自粛や時短営業のあおりでどこも募集なし。しょっちゅう募集していた近所のコンビニもアルバイト募集の貼り紙を外していました。東京23区でアルバイト先を探すのにこんなに苦労するとは思いませんでした」

そこで派遣に方向転換したがオフィスワーク系は派遣でも少なく、なかなか連絡がなかった。反面、現業職系ならすぐに紹介できると言われ「ここは繋ぎのつもりで」ということでワーカー登録した。

「登録して半日で何件も連絡がありました。確実に需要があるんでしょうね」

今は2つの派遣会社に登録しており、求人情報はスマホにメールで届く。

「働く期間は1日単位だったり1週間単位です。1か所に固定されることはありません」

8000円から9000円程度の日当と作業内容を天秤にかけながら明日、明後日。あるいは1週間の働く現場を決め、メールを返送する。

「アルバイト派遣って言っているけど、やっていることは日雇いです。日雇い派遣という文言のネガティブさが嫌ですね」

収入的にも満足できるものではない。

「まずバラツキが大きいです。日当9000円、休みは週1で、ずっと働ければ月収で22万円になります。でも現実には仕事と仕事の間に2、3日の空白があったり就労時間が短かったりすることもあるので、実際は16万円がいいところです。交通費は日当に含まれているのでほぼ1万円は出ていきますし」

これで所得税を天引きされたら手取りは14万円と少しがやっと。ゆとりなんてありゃしない。

「職場の雰囲気ですか？　良くはないですね。変わった人もいるから」

たまに出没するのは新興宗教の勧誘。メジャーな団体から聞いたこともない怪しげな団体まで種々雑多。

「マルチ商法みたいなことをやっている人が会員というかカモを捕まえるために入り込んでいたり、左寄りの団体に感化されている人がいたりして、閉口したこともありました。どこの職場にも少し変わった人はいますけど、日雇い派遣はそういう人の出現率が高いですね。個人的に付き合いたいという人はいません」

粗衣粗食で細々と暮らす

暮らしぶりについては、今のところは何とか踏ん張っているという状態。

「生活に余裕はないです。家賃、水道光熱費、携帯電話代の合計で6万8000円前後になります。奨学金の返済も1万3000円あるし、国民健康保険の保険料も1万7000円。これだけで9万8000円出ていく。残った4万2、3000円でやり繰りしています」

病気になったときに無保険では困るので国民健康保険には加入しているが、国民年金の保険料は払えないので全額免除の手続きをしている。この先、奨学金の返済ができるのかが大きな不安材料だ。

「生活信条はとにかくお金を使わないこと。1円でもケチる、これに尽きます」

日々の買い物のほとんどは、まいばすけっと、ダイソー、ドン・キホーテで済ましている。

「お米はまいばすけっとの5キロ1380円の格安品、袋入りのインスタントラーメンやレトルトのカレー、食パンなども割安なPB商品しか買いません」

この1年近くはまったく外食していない。ファストフード店にも入っていない。

「基本は自炊です。昨日の夕飯は冷凍保存しておいたご飯を解凍し、おかずはスーパーのタイムセールで買った2枚100円のハムカツ。付け合わせは袋入りモヤシを3分の1ぐらい湯がいて中華ドレッシングで和えたもの。インスタントの味噌汁も飲んだけどお米代込みで180円程度ですね」

派遣の仕事場には出がけに100円ローソンでジャムパン、クリームパン、大福、おにぎりなどを2個買って昼食として持っていく。飲み物は家で淹れたお茶だけ。

「あまりにも粗末なのでコソコソ隠れて食べています」

外でランチやディナーを楽しめる人が羨ましい。

「野菜は高いからあまり食べられません。でも野菜を食べないと身体が痒くなったり肌も荒れたりします。爪の色も悪くなるし頭皮も荒れてフケが増える……人間の身体って正直だなと思います」

新鮮なトマトやレタスを食べたいが、天候が悪かったりしたらレタス1玉が300円、きゅうり1本88円なんて高値になる。とても手が出せない。

「最近はお洒落にも関心が薄くなってきました。3、4日同じものを着ていても何とも思わなくなりました。さすがに汚れたりシミがついたりしたものは着ませんけど、トレーナーとかジーンズは1週間着続けちゃうことがある。駄目だとは思うんですがズボラになっていきますね」

新品のアンダーウェアー、インナー、アウターを買うにしても近所のスーパーに入っているGU、しまむらが定番。買い物を楽しむということもなくなった。

「こんなことを話すのは恥ずかしいのですが、お金がないのを痛感するのは生理のときです。生理用品まで倹約しますからね。以前から使っていた16個398円のものをやめ、20個348円ぐらいの特売品に変えました。生理痛を抑える痛み止めもロキソニンとかエスタックイブを服用していたのですが、聞いたこともないメーカーの薬に変更です。パッケージに書いてある成分表を見てみたらたいした違いがなさそうだったので。少し前にテレビで見た生理の貧困ってわたしのことだと思いました。男性には理解し難いでしょうが」

世間がコロナ慣れしてきたのか社会活動が回復してきたからなのか、事務系派遣で登録している派遣会社から求人情報が送られてくるようになった。

「正規雇用で働ければいいけど、まずは肉体労働の日雇い派遣から脱することを優先したいです。時給単価は1450円ぐらいですが倉庫作業よりはいいし」

可能であれば地元の栃木で安定した職を得たいが、これも簡単ではない。

「母に地元の新聞に載っている求人募集広告を送ってもらったこともありますが、工場派遣や介護関係ばかりでした。以前は求人が多かった観光関係も今は駄目みたいでしたね。東京、神奈川で働けるところを見つけないと」

今の状態は生活が成り立たないほどではないがギリギリ。仕事のない日はほとんど外出せずにラジオを聴いたり、図書館で借りた本を読んだりしている。他者との交流がないから孤立感も強くなっていく。

「金銭的な貧しさは精神的な貧しさ、疎外感をもたらすと思います。もう嫌だし、耐えられそうにもない」

殊更にお金のことを言うと卑しい人間と思われることがあるが、やっぱりお金は大事だと思う。すべての幸せは金銭的な基盤があってこそだというのは言い過ぎだろうか。

トリプルワークでもギリギリの暮らし

No.13

平野和之（42歳）
出身地：東京都武蔵野市　現住所：神奈川県川崎市　最終学歴：高校卒
職業：アルバイト、派遣など　雇用形態：非正規　収入：17～20万円
住居形態：賃貸アパート　家賃：4万8000円
家族構成：独身、両親は既に他界。他に兄が2人
支持政党：公明党　最近の大きな出費：ポケットラジオ購入（1280円）

流されて派遣工

2つ目の仕事場に向かうのは夕方4時半頃。宅配寿司店のデリバリースタッフで5時から9時までの4時間勤務だ。

「今は3つの仕事を掛け持ちしています。1日4時間だったり週末1日だけだった

りの非正規です」

年間を通してやっているのは食品雑貨スーパーの半日アルバイトと、この宅配寿司店の出前持ちだけ。あとは派遣会社や業務請負会社経由で1ヵ月〜2ヵ月の期間限定の仕事をいくつかこなしている。

「年初からだと8社の仕事をやっています。そろそろあちこちから源泉徴収票を送ってくるけど全部合算してもたいした収入じゃありません」

1つの仕事だけで月20万円ぐらい稼げればいいのだが、現実には短時間の非正規仕事しか得られない。

「年齢が42歳ですからね、新鮮味はないものな……。時給1000円ちょっとの仕事をいくつもやってどうにか暮らしているわけですが、時々、俺は何をやっているんだって自己嫌悪に陥ることがあります」

高校を卒業して印刷会社に就職したのは98年だった。

「工場勤務でオフセット印刷機のオペレーターを担当していました。丸10年と数ヵ月勤めたのですが廃業することになって、それで失業したわけです」

廃業の理由はいろいろあったが、業務量が減少し、今後も回復が見込めないからということだった。退職したのは08年の7月末。

「職探しはすぐに始めたのですが、9月にリーマンショックが起こってしまって、なかなか上手くいきませんでした」

同業他社に拾ってもらえそうな雰囲気だったのが「ちょっと待ってくれ」ということになり、半月後にこの話はなかったことにすると言われておしまい。失業手当が終了した後はコンビニ、ディスカウントストア、飲食店などでアルバイトをすることになった。

「ハローワークには定期的に通い、何社かは面接を受けれたのですが採用してくれるところはなかった。こんな感じで30歳になってしまって。こうなるともう製造業派遣に流れるしかありません」

正社員の採用は厳しかったが、派遣会社の採用は何とも簡単。たった10分の面接で即採用だった。

「全国あちこちに回される工場ジプシーみたいなのは嫌だったし、派遣会社の寮で知らない人と相部屋で暮らすのも嫌。なので自宅アパートから通えるところにしてくれと頼んだんです」

これでは無理かなと思ったが、自宅アパートは京浜工業地帯の川崎市内。大手の工場ではなかったが下請け、協力会社の求人が多数あってすぐに働けた。

「ただし時給は低い設定でしたね。仮定の話ですが大企業の工場に派遣された場合は時給1200円。だけど子会社とか下請けの工場だと1100円という具合です」

1日8時間で月20日稼働の場合、これだけで1万6000円も違うが、自宅アパートから通えるので目をつぶった。

「最初に派遣されたのは精密機器工場で、その後は電子部品工場、プラスチック加工工場、塗料工場などに回されました」

勤務地は川崎市内か対岸の大田区。多摩川沿いとか昭和島、城南島で遠くても40分ぐらいで通えるところだったので助かった。

「時給はずっと1100円に固定されていました。3月、4月は新聞やテレビで春闘のことを取り上げるけど派遣工ではまったく関係なかった」

収入はどれくらいだったかというと、1日8時間に残業1時間、土曜日に8時間勤務を2回やったとして月収約22万円。手取りだと18万円ちょっと。

「下請けだと年末は29日まで。ゴールデンウィークやお盆休みも関係ありませんからね。休みが多くて極端に収入が減るということはありませんでした」

年収は270万円前後で12月には年末調整で4万円ぐらい戻ってくる。こんな感じでどうにか暮らしていた。

「生活できないほどじゃないけど豊かな暮らしは無理。それでも仕事がないよりはマシという感じです。上手くできた仕組みだと思いますね」

日雇い労働で糊口をしのぐ

派遣工は20年12月上旬までやっていたが、病気のため退職することに。

「盲腸炎になってしまい入院して手術したわけです。術後の療養で12月25日まで入院していました。退院してすぐに派遣会社に連絡し、新年からは出勤すると伝えたのですが、急に2週間も病欠されたらかなわない、代わりの人間を入れたのでお前はもういいという言い種でした」

また失業手当を受けながら次の仕事を探し始めたが、新型コロナがまん延し、求人は激減した。

「大袈裟ではなくアルバイトや日払い仕事も奪い合いという有様でした」

通販会社の倉庫内作業で週2、3日働けて月5万円。ビル清掃の夜パートでもう5万円。月収10万円がいいところだった。

「少ない預貯金を取り崩して竹の子生活です」

21年の半ば頃から日々紹介や日払いアルバイト、1、2週間という期間限定の派遣の仕事が入ってくるようになり最悪期は脱せられた。

「今やっているのは午前が食品スーパーのパート、開店前の準備作業をやり、開店後は惣菜調理の補助をやっています」

9時から午後1時までの4時間勤務で出勤するのは週4日。

「夕方までは空白で5時から出前持ちを4時間。これは週5日出ています」

土日のうちどちらか1日は日々紹介の日払いアルバイト。よく入る仕事は会社の引っ越しや事務所内のレイアウト変更など。夜の作業ということもあり日当1万円と高給だ。

「今月は毎週日曜日に交通量の調査をやっています。商店街で歩行者を男女別にカウントしたり、幹線道路を走る車を車種別にカウントしたり。折りたたみ式の椅子に座ってできるから楽な方だと思います。雨が降ると中止だから稼げないのは痛いけど」

時給は食品スーパーと宅配寿司店が１１００円。日払いアルバイトは交通費込みの日当で８０００円～１万円。

「月収は上手くいけば20万円近くになりますが、日払いアルバイトが見つからなかったら17万円ぐらい。相変わらず生活は楽じゃないですね」

切り詰められるだけ切り詰める

生活コストはどんなものかというと、風呂なしのアパートの家賃が４万８０００円、水道光熱費と携帯電話代で１万６０００円、国民健康保険と国民年金の保険料が計４万２０００円。傷害疾病保険の掛け金が８０００円。最低限の固定費だけで11万４０００円出ていく。これで手元に残るのは多い月だと８万円ぐらいになるが、少ない月は５万数千円。

「保障が無いところで働いているわけだから、何かあったらやばいです。だから生活費全般を3万5000円までにしてあとは残すようにしています。用心しているから今のところ借金などはありません」

食費は月2万円が上限、1日にすると約670円。外食なんて贅沢はできない。

「お米にしろ食パンにしろ、ひたすら安いものを探しています。お米はオーストラリア米、食パンはスーパーのプライベート品で1斤79円、カップジャムは98円のもの。うどんや焼きそばは3個99円」

魚は鯖、鰺、鰯の干物か塩鮭しか食べない。お刺身はもう3年近くも口にしていない。

仕事のない日は収入がゼロということだから一層倹約している。朝はジャムを塗った食パンを2枚、昼はレトルトのカレーとレンチンして作ったスクランブルエッグ、夜は残りの食パン3枚とコロッケ1個、スライスチーズ1枚。ざっと計算してみると原価は300円切っている。

「以前は、土曜の夜に自分へのご褒美としてチェーンの安い居酒屋で呑むことがありました。そこの晩酌セット1980円が定番だったのですが、ここのところは部屋で缶チューハイを飲んでいます。これぐらいしか息抜きがありません」

食費など以外にも無駄なお金を使わないようにしている。

「水道とガスは難しいけど電気代は倹約できますね。特に冬はやり方次第ですよ。寒い日でも雨合羽を着て日当たりのいいところにいるとポカポカです。他にも電気カーペットの下に段ボールを敷くと電源をオフにしても温もりが長持ちするとか、ゴミ袋を切って窓ガラスとカーテンの間に張っておくと温かくなるとか。こういう裏技は女性週刊誌で仕入れるんです」

衣服はリサイクル店でシーズン替わりのときに最安値になったものを、次の年用に買っておく。そろそろ温かくなる頃に冬物のセーターや防寒着を買えば200円から800円でそれなりのものが手に入る。

「こんな節約生活をしていても思わぬところで大きな出費がある。それが嫌ですね」

まず医療費は削れない。

「寿司の配達帰りに飛び出してきた子どもを避けようとして急ハンドルを切ったら転倒しちゃって。左手の甲のところをざっくり切ってしまい3針縫いました。2週間通院して1万円ぐらいの医療費がかかった。スクーターのバックミラーも割っちゃったから代替のものを2000円で買って弁済したんです。こういうことがあると落ち込みます」

今月は働けた時間が多かったから収入が増えたとか、一段と倹約してお金が残ったとか、コツコツ続けた努力も予期せぬ出費で帳消しになってしまう。

「今の希望ですか……？　朝に働いているスーパーが人手不足で契約社員を採るような話を聞きまして。本当にそうなったら手を挙げてみようかと思っています」

これが駄目だったらタクシーも考えている。コロナ前に某タクシー会社の説明会に参加しようかと迷っていた。コロナが流行してそれどころではなくなったが、今は落ち着いてきているので、チャンスがあればと考えている。

【第4章】生きるためには金が要る

No.14

元ブティックオーナーの坂道人生

江藤貴明（44歳）
出身地：神奈川県大磯町　現住所：東京都西東京市　最終学歴：大学卒
職業：清掃作業員　雇用形態：契約社員　収入：月収約18万円
住居形態：賃貸アパート　家賃：4万6000円
家族構成：独身（離婚歴あり）　支持政党：自民党
最近の大きな出費：自転車のパンク修理（約1600円）

廃業でつまずき始め

少し遅いお昼を食べ始めると、テレビの中では女性アイドルが高級食パンの食レポを始めた。なんでも小麦は北海道産の最高品種、発酵はイースト菌ではなく天然酵母を使用。値段は2斤で800円だという。さぞや美味しいのだろうと思うが、気分は悪い。ちゃぶ台に乗っているのも食パンだが値段はまったく違う。

「4日前に食品スーパーで当日賞味期限切れで半額になっているやつを買って冷凍しておいたんです。それをトーストして食っているわけ」

スーパーのプライベート商品なので1斤108円のお買い得品。それが半額なので54円、8枚切りなので1枚は約7円。トースト3枚と目玉焼き、ツナ缶半分のメニューで合計金額はざっと100円也。

「家にいるときは昼も夜もこんなものですよ。少し贅沢しても200円以上になることはないですね」

お昼ご飯のあとは自転車で自宅近くの図書館へ。ここに約1時間滞在し駅近くのショッピングセンターへ移動。ここでも1時間近く過ごして時間を潰し、次は隣の区の図書館へ。

「仕事のない日はいかにお金を使わないかに腐心している」

公共施設や大型スーパーなら冷暖房完備、トイレ洗面所あり。休憩スペースも設けられているので時間潰しにはもってこいなのだ。

今の仕事は清掃サービス会社の契約社員。2年半前から働いていて、現在は品川のオフィスビルに配置されている。

「今はしがないお掃除おじさんだけど、元々はアパレル業界にいたんです。横浜でショップを経営していて衣服だけでなく雑貨小物、一点物のバッグ類、アクセサリーなども扱っていました」

　商売はずっと順調だったが2013年頃から下降線に。

「ファストファッションの台頭は当然ですが、ネット販売が伸びてきたのも大きな要因だったと思います。昔は多くの店が立ち並んでいて人の流れも多かった代官山辺りも、今は最盛期の半分程度の店しかやっていませんから」

　赤字経営が3年続き内部留保はゼロに。少ないとはいえ行政からの借り入れもあり、もう続けられないと廃業した次第。

「借金は120万円ぐらい残っていたのですが、わたし個人の定期預金を解約して返済に充てました。これですっぱり辞められた」

　借りていた店の原状回復工事、買掛金の精算などの雑務、法人登記の抹消などの手続きを完了して廃業したのが17年2月。

「この過程で妻とも別れました。性格の不一致というか、廃業する2年ぐらい前から家庭内別居みたいな状態だったので」

アラフォーでは職を選べない

離婚後は都内に転居し宅配便のドライバーに。

「そのときでもう38歳だったから仕事を選ぶのは不可能ですよ。その点、トラックなどの運転手は間口が広かったから」

都内城南部が本拠の貨物運輸会社でドライバーを始めたが賃金は低かった。

「給料は基本給プラス歩合。配達する荷物が少なかったら給料も少ない。月給は24万円ぐらいで手取りだと何とか20万円というレベルでしたね」

細々と生活していたが、接触事故を起こしてしまい免許停止の行政処分を受けることに。

「ハンドルを握れないんじゃ仕事にならない。辞めてくれってわけで退職したわけです」

自発的退職ということだったが、実際のところは解雇されたのと同然だった。

「宅配を辞めたあとは日雇い派遣です。倉庫作業やイベント会場の設営・撤去などをやりながらハローワーク通いして職探ししていました」

そうはいっても年齢は40歳になったし、特別な資格や特技があるわけではない。

「採用してくれそうなのは介護か警備か清掃ぐらいでしたよ」

自分の性格では高齢者の世話は無理。警備は想像する以上の重労働。消去法で清掃会社の世話になることにした。

「本音を言えば気乗りしなかったけど、嫌でも働いて収入を得なくてはと思ったわけです。最初の配属がみなとみらい地区のオフィスビルだったんですが、商売をやっていた場所からそう遠くないところだったんです。昔の知人とか仕事で付き合いのあった人に見られたら恥ずかしいなって思ったこともありましたね」

労働条件はどうかというと、雇用契約は1年ごとの更新制。賃金は日給月給制。

「入ったときの日給は7700円、今は8000円。残業代は出るけどそれ以外は何もない。皆勤手当とか住宅手当があるとありがたいんですがね」

現在の月収は残業代が付いて約18万円。手取りだと14万円台の半ばぐらい。

「これだけだと倹約してもほぼ使い切ってしまいます。蓄えなんて作れない」

重たいのは家賃。1K（6畳）、風呂なしの古いアパートでも4万6000円。手取り額の30％を超えている。水道光熱費と固定電話代を含めたら5万8000円ぐらいになるので約40％になる。なので倹約だけでなく収入を増やすべく日払いアルバイトのスタッフ登録をしているが、仕事の紹介はあまりない。

「競馬場とか球場の清掃、引っ越し作業、交通量調査、倉庫でのシール貼り、ラベル貼り。こういう単発仕事が月に2回ぐらいしか入ってきません。毎土曜日と祝日も働きたいけど、44歳のおっさんより若い人の方がいいんだろうな」

単発仕事の日当は8800円。月2回なら1万7600円だが月5回やれれば4万4000円になる。今より2万6400円の増収、これだけ収入が増えれば生活はかなり楽になる。

「派遣会社にはお願いしますって頼んであるけど駄目ですね」

満足に医療も受けられない

こんな状態なので今日も倹約、明日も倹約。それでも不意の出費は避けられない。

特に医療費。

「年初にノロウイルスに感染してしまい、下痢と嘔吐が3日も止まらなかったんです。特に下痢がひどくて10分おきにトイレに入っていたほどでした」

病院に行きたくてもこの状態では無理。家でじっとしているしかなかった。

「少し落ち着いてから病院に行ったら脱水症状がある。3日間も絶食だったから栄養状態も悪い。入院しなさいということでした」

ところが差額料が必要ないベッドは埋まっている。安い部屋でも1日4000円（税込4400円）と言われた。

「医者が言うには、1週間ぐらいは入院して体調と体力を回復させないとというわけだったけど、もし1週間も入院したらベッド代だけで3万8000円も払わなきゃならない。入院中の食事代、寝巻のレンタル料、純粋な医療費を合計したら7万円で足りるかどうか。とても入院なんてできないから断ったんです」

医師も看護師も入院した方が早く回復すると言ってきたが、「入院費を払うのが困難」と答えたら気まずそうに「そうですか、じゃあ仕方ないですね」と何も言わなかった。

「本音を言えば、お金の心配はしなくていいから養生してくださいという言葉を期待していたんですけどね。でも世の中はそんな甘くない」

医療費や入院費を踏み倒す人が多いからなのか、病院側も無理に入院させようとはせず、通院して点滴を打ち、整腸剤とビタミン剤を服用するということになった。

「結局、6日間通院したんです。食事が摂れるようになったら治りも早く、6日目は朝に点滴をしてもらい、そのまま仕事に出ました。お金がないのは恥ずかしいと思いましたね」

まずは良かったが、金の切れ目が医療の切れ目。お金がなかったら死んでも仕方ない。そういうことだと思った。

豊かだったのは昔の話

「これで尚更シブチンになりました。実は配属されているビルには何店か飲食店が入っていまして、そこから年に数回、賞味期限切れになったり、なりそうな食品がゴミとして出されるんです。それを拾ってきて食べてます」

5キロ入りのパスタ、マカロニ。レギュラーコーヒーやガムシロップ、個包装のインスタントみそ汁、小麦粉やかつお節など。

「他人様がゴミとして捨てたものを手にするのは抵抗があったけど、もったいない、これはエコだって思うようにしました。これまで食あたりしたり体調をおかしくしたりということはありません」

ゴミ処理にもそれなりの費用がかかるから、ビルの管理会社も黙認してくれているらしい。

「普段の買い物でも凹んだ缶詰とか賞味期限が3日後というパック入りの赤飯、ドライカレーなんかを買います。だいたい半額、ものによっては3分の1以下っていうこともある」

お昼ごはんも会社が契約している給食弁当で1食450円。これを含めても毎月の食費は2万円前後だ。自販機で缶コーヒーを買うのも躊躇する。

「干支がひと回り前の頃（09年〜10年）は商売も上手くいっていて、移動の手段はよくタクシーを使っていました。1回で1万円ぐらいは平気で払っていたけど、もうこの3、4年は乗ってもいない」

店で働いてくれていたスタッフの慰労会は中華街の有名店やホテルのレストラン。7、8人の食事代で10万円ぐらい払うこともあったが、それが普通だと思っていた。

「クレジットカードで買い物するのは当然だったし、2年に1度ぐらいは仕入れを兼ねて海外旅行にも行っていた。売上げ、利益が右肩上がりだった頃は都内の神宮外苑、表参道辺りに支店を出そうなんて考えていましたよ」

ここまでは、自分は成功したと思っていたし、これがずっと続いていくと思っていた。今となっては隔世の感がある。

「今の信条というか、心掛けているのは、見てくれだけはきちんとしておこうということです。そろそろ40代半ばになろうっていうおじさんが不潔な格好、みすぼらしい服装じゃ恥ずかしい。たまに電車の中で毛玉だらけのセーターを着ていたり、ジャンパーの袖口が汚れでテカっている同世代の人を見ると、嫌だなあ、だらしないなあって思います。やっぱり人間は見た目だと思いますね」

今の勤務地は新宿の副都心地区なので通勤するときはジャケットぐらいは着用する。自宅近辺を出歩くときもだらしない格好はしないよう注意している。この人、貧乏ったらしいなと思われるのは嫌だから。

「この先ですか？　このまま変わらずでいい。とりあえず2週間前に雇用契約を更新しまして、来年の5月までは働かせてもらえる。その先はどうなるか分からないけど向こう1年は路頭に迷うことはなさそうです。それで良しとします」

30歳になる頃に想像していた40代の姿と現実は大違い。今更どうでもいいことだが、どこが分水嶺だったのだろうか。

いつか団地を出ていく日

No.15

田村友梨（40歳）
出身地：千葉県市川市　現住所：東京都足立区　最終学歴：高校卒
職業：ドラッグストア販売員　雇用形態：パートタイマー　収入：年収90万円
住居形態：公営住宅　家賃：4万8600円
家族構成：夫、長男、次男　支持政党：特になし
最近の大きな出費：洗濯機買い換え（約3万8000円）

貧乏団地の実態

隣の老夫婦は耳が遠いようで話す声は怒鳴っているかと思うほどの大声だ。テレビの音量も大きく、壁が薄いから嫌でも聞こえてきて耳障り。上の階の子どもは躾が悪く部屋の中でドタバタ騒ぎまわることがある。夜、眠っている間に騒がれたと

きは地震が起きたのかと飛び起きてしまった。

突き当たりの部屋の住人は消費者金融に借金があるようで、玄関ドアに不在証明書が貼り付けられていたり、強面の男たちが来ていたりすることがある。生活保護を受けている人も何人かいるようで、よく区役所の人や福祉事務所の人が来て就労するよう指導しているという噂話を聞くことがあった。

5月になるとゴキブリが出てくるようになり、流し台の下の物入れにゴキブリホイホイを入れておいたら2週間で10匹もひっ着いていた。去年の夏はダニが発生して一家4人身体中を喰われてしまい何度も殺虫剤を焚いて大騒ぎだった。

「ゴミ置き場では子猫ぐらいのネズミが飛び出してきて腰を抜かしそうになったこともあります。もうこんな貧乏団地からは1日でも早く出ていきたい。本当に嫌ですね」

ある都営団地で暮らしている田村さんは切実にそう思っている。

「ここら辺は雰囲気が悪い気がします。交通の便も良くないし、住めば都なんて思える場所ではないです。変わった人や常識のない人も多いですしね」

田村さんが暮らす団地がある地域は東京の北側の端っこ。富裕層の多い港区や世田谷区、目黒区などとは街の様子がまったく違っている。

駅前の雑居ビルに入っているのはすべて消費者金融。電柱には人妻デートクラブのチラシがベタベタ貼ってある。

「平日の昼間にパチンコ屋やゲームセンターの前を通ると、茶髪にタトゥーでどう見ても10代の子が学校にも行かず、働きもせずたむろしていますよ。夜になると資源ごみを盗んでいくホームレスもウロウロしている」

夏になると団地に住むオヤジたちがランニングシャツにステテコという格好でウロウロし、歩道にしゃがみ込んで缶ビールをあおっているなんていうみっともない光景も珍しいことではない。

「ゴミ出しのルールを守らない人も多いですね。資源ごみの日に台所の生ゴミを平気で出したり、処理費用が必要な粗大ゴミを無断で集積所や歩道橋の下に置いていく図々しい人もいます。長男が通う小学校の運動会では、学校周辺の道路でタバコを吸って吸い殻をそこら辺に投げ捨てたり、校庭で缶ビールを飲んだりする親がいました。見ていて嫌になりますね。言葉はきついかもしれないけど、家賃が安いところで暮らしている人はモラルの低い人が多いというのが実感です」

物価が安いのはありがたいが、激安、バカ安を謳い文句にしているスーパーで玉ねぎ30円、もやし15円という目玉品を奪い合うように群がっている人たちを見ると下品だなと思ってしまう。

「治安もあまり良くありませんね、週末になると今じゃ珍しい特攻服を着た暴走族が環七を走っています」

田村さん一家は過去に自転車を盗まれたことが2回、置き引きに遭ったことが1回ある。スマホにはどこそこでひったくり事件発生とか、どこそこ中学校の周辺で変質者出没、〇〇駅で暴行事件発生という緊急メールが入ってくることがあり、安心して暮らしていけないと不安を感じている。

「できるだけ早く引っ越ししたいのですが、現実には家賃のことを考えないと。払える額には限度がありますからね」

贅沢暮らしは夢のまた夢

中堅の印刷会社で営業マンをしている夫の年収はこの3年ほとんど上がらず、およそ450万円ほど。社会保険料や税金を引かれた手取りはぐっと下がる。田村さんもドラッグストアでパートをしているが年収は90万円がいいところ。

「今の家賃は3DKで4万8600円。団地を出ても払えるのは6万円が限度です。これで4人が暮らせる広さの部屋を借りるのは無理です。だから古い団地にいるしかありません」

何度か不動産屋を訪ねてみたことがあるが、2LDK、3DKのアパート、マンションは今の家の近くでも8万円台の後半以上。中野、練馬、板橋辺りは10万円前後。渋谷、目黒、世田谷になると15万円というものもある、とても払える金額ではない。

「埼玉県に入ればかなり安い部屋があるけど、夫の勤め先が新宿区内なのであまり遠いところには移りたくないんです」

いっそのことマイホームを買うというのも選択肢だが、現実的には無理だ。

「それなりの預貯金はあります。だけどこれは非常事態の備えや子どもの教育費用なので手を付けたくない。新たに頭金を作るというのは困難ですから」

田村さんの住む地区にも大手不動産会社や仲介会社のチラシが新聞に入っている

が、港区高輪の中古マンションが3LDK65平米で5700万円、目黒区自由が丘の戸建5LDKが1億2千万円なんていう金額を見ると溜め息しか出てこない。どうしてこんな大金が払えるのか不思議で仕方ない。

「一昨日もテレビのバラエティー番組でセレブな奥様たちの特集をやっていたけど、観ていて嫌な気分になりましたね。旦那は飲食店を経営していて年収は3000万円、住まいは青山の一戸建てだとか」

日々の買い物は高級スーパーの明治屋、六本木ヒルズに入っている福島屋など。成城石井はリーズナブル。駐車場にはベンツ、アウディが並び、夏と年末年始は家族で海外旅行。月に1度は友人や仕事関係の人を招いてホームパーティー。こんなことを言っていた。

「我が家はとにかく倹約です。買い物は業務スーパー、ハナマサ、ドンキ、西友がメイン。高級スーパーで高い食材を買って料理を楽しむ余裕はありません」

田村さんも夫も運転免許を持っているが駐車場代がもったいないので自家用車は持っていない。移動の手段は自転車、それもホームセンターで買った安い中国製のママチャリ。これを家族4人で使い回している。

子どもたちにせがまれて月に1度くらいは外食することがあるが、よく行く店はガスト、サイゼリヤなどのファミレス。さもなくばバーミヤンか回転寿司。

「わたしの普段着はしまむら、夫のスーツはサカゼンで９８００円だった特売品。子どもたちはリサイクル店のものが多い。散髪は全員ＱＢハウス。こんな感じです」

年末になるとお正月を海外で過ごす人たちのことをニュースで流すが、田村さんは毎年大晦日の夜8時までパート仕事。嫌でも彼我の格差を感じさせられる。

教育費は死守したい

田村さんがいちばん心配しているのは、子どもたちの教育のこと。

「子どもたちには豊かになってほしいですからね。いい学校に行かせてコースに乗せてやりたいと思っています。学歴は一生ついてきますからね、一流の大学を卒業していないと大手企業には就職できないみたいですし」

特に夫が教育に熱心。新聞折り込みで塾や進学教室のチラシが入っていると、どこの進学実績が高いのか、費用はどれくらいかなど見ているし、3月の週刊誌に東大、京大合格者ランキングなどが掲載されていると買ってきて熟読している。

「夫はN大学卒なのですが、就活のとき有名企業にはエントリーさえできないことがあったと言っていました。もし自分も国立大学や早慶、MARCHクラスの有名大学だったらもっと選択肢があったはずと言っています」

田村さんはドラッグストアでパートをしているが、販売員の時給は1050円。商品の陳列からレジ係までなんでもやらされる。対して薬科大学卒で薬剤師の資格を持つ人は時給2200円で資格手当も出る。仕事も処方せん調剤だけで雑用的なことはやらない。はっきり差をつけられているのだ。このことからも「学歴は収入に直結する」と思うのだ。

いい教育を受けさせてやらなければ後々苦労することになると心配になる。とはいえ、教育にだってお金がかかるのが現実。

「残念ながらうちの収入では、私立の中高一貫の進学校や大学の付属校に通わせるのは無理ですね」

義務教育の期間は地元の区立校で頑張ってもらい、高校は都立の上位校に通わせたいというのが田村さんと夫の願いだ。

「地域にもいくつか都立高校があるけど偏差値は40未満。ガラの悪い子が多く、中退者の多い底辺校ばかりです。そこから早稲田や慶応に進学したなんて聞いたことがありません。将来、有力大学に進むなら高校の偏差値は60以上のところじゃないと駄目みたいですよ。レベルの低い高校だと指定校推薦の枠もありませんから」

成績が良ければ日比谷高校、戸山高校などの進学重点校に行ってもらいたい。そのために長男は小5に進級した今年から学習塾に通わせている。

「授業料と教材費で月1万7000円必要なんですが、これは親の責任だと思っています」

この先、今のままでは多くを望めないと思っている田村さんが密かに期待しているのが宝くじ。人生の一発逆転を狙って。

「年末ジャンボ、サマージャンボ、ハロウィンジャンボなどは高額当選者が出たという売り場に行ってまとめ買いしています。だけどなかなか当たりませんね。この夏もサマージャンボを買うつもりですけど」

サマージャンボは1等が5億円で前後賞が1億円。もしも当たったら7億円が手に入る。もし7億円が当たったらどうしよう……。まず家を買う。場所は世田谷か吉祥寺の辺り。車も欲しい。いくらかは投資に回してリターンを得る。子どもたちには最高の教育を受けさせて医者か高級官僚になってもらいたい……。そんな夢みたいなことを考えるのだ。

「だけど、当面の話だともう少し収入を増やしたい。103万円の壁ギリギリまで稼ぎたいですね。月もう1万円増収するには、働くのを10時間増やさないと。店長に頼んでいるところです」

物価は上がるし光熱費も上がる。その割りには夫の給料は上がらない。今の生活を保つためには田村さんが働く時間を増やすしかない。

医療費が重たくて

No.16

桑田秀彰（55歳）
出身地：福島県郡山市　現住所：千葉県船橋市　最終学歴：大学卒
職業：建設資材会社勤務　雇用形態：正社員（管理職）　収入：年収約600万円
住居形態：持家　ローン返済額は月5万2000円（他にボーナス時払いあり）
家族構成：妻、長女、次女　支持政党：特になし
最近の大きな出費：定期健診でのCT撮影（6700円）

ガン治療で多額の出費

この3年弱の間で一気に金銭的余裕がなくなった。格差社会とはいえ自分たちは安全圏にいると思っていたが、それはまったくの自惚れだった。

「何だかんだ解約、払い戻してもらった定期預金、定額貯金は合計すると200万

円にもなるんです」

　爪に火を点すような生活で何年もかけて蓄えてきたものだが、出ていくときはあっという間に消えていった。

「贅沢した、無駄遣いしたというわけじゃないんですがね」

　解約した預貯金の使い道はすべて医療費。本当に医療費は高いと思う。

「最初に体調を崩したのはわたしでして。18年の梅雨明け頃からものを飲み込むときにつかえるような、はさまるような感じが出てきて、それから胸やけ、食欲不振、胸痛なども感じるようになりました」

　糖尿病を診てもらっている近所のクリニックから大学病院を紹介してもらったところ、即日入院するように勧められ、とりあえず検査入院。

「食道造影、食道鏡検査などを受けまして。18年の9月中旬に食道ガンだと告知され、手術を受けたわけです」

　主病巣は切除できたがリンパ節に小さな転移があったため抗ガン剤による化学療法を受け、入院期間は3ヵ月にも及んだ。

「入院したのが秋分の日の翌日で家に帰れたのが12月25日でしたね」

まずこの期間の医療費等で100万円近いお金が出ていった。

「純粋な医療費は高額療養費の限度額適用認定証を提出したので、わたしの場合は10万円程度で済みました。だけど入院中の食事代や寝巻のレンタル代、術後の1週間使ったおむつ代などは自腹ですからね」

最大の出費は差額ベッド代。これが高かった。

「最初の3週間は2人部屋で1日の差額ベッド代が1万6500円もかかりました。その後は4人部屋に移ったのですがやはり差額料が必要で、1日で1万1000円でした。差額料が必要ない6人部屋の病室に入れたのは退院前の2週間だけだったから大層な金額になりましたよ」

差額料の総額は驚きの102万3000円。窓口で支払った医療費の総額は約28万円、食事代と諸々の雑費が16万円ほど。

「大袈裟でなく150万円ぐらい出ていっているはずです」

疾病保険に加入していたので後日申請し手術給付、入院給付の合計で約52万円が保険会社から支払われたが、それらを差し引いた実質の負担は約100万円になった。これでまず信金に預けてあった定期預金を解約した。

妻の入院でダブルパンチを食らう

「徐々に身体を慣らし、とりあえず出勤できるまで回復したのですが安心したのも束の間でした。今度は妻が大ケガを負ってしまい長期療養が必要になってしまいました」

奥さんはもともと更年期障害があってレディスクリニック（婦人科）に通院していたが、これ以外に慢性疾患や生活習慣病はなく、さほど大きな医療費は必要なかった。

「それが自宅の階段を踏み外して転げ落ちてしまい、全治3ヵ月の重傷を負ってしまったんです」

救急車で搬送されたのは隣の市にある公立の総合病院。

「骨盤にヒビが入り、右足の内側靱帯も部分断裂。更に左手の手首も脱臼という重傷です」

靭帯は手術して接合したので丸4週間入院する事態だった。

「医療費はわたしと同じく1ヵ月10万円程度で済んだのですが、やはり差額ベッド代が高くてね」

差額料不要のベッドは少なく、また空きがないということで20日間は1日1万4300円の個室に入れられたので総額28万6000円の差額料が必要だった。限度額の医療費と諸雑費を合算すると42万円近く支払ったということだ。

「公立病院は1ヵ月で退院できたのですが、その後の6週間はリハビリ専門病院に転院して機能回復訓練しなければならなかったんですね」

このリハビリ専門病院でも差額料が必要で、1日6600円。6週間42日だと27万7200円の負担。医療費、食事代、その他雑費の合計で約48万円。

「妻も郵便局の簡易保険に入っていたので給付を受けられたけど、自己負担は25万円と少しかかりましたよ」

奥さんはその後の2ヵ月は週3日、ないし4日、通院でリハビリを続けたので更に医療費がかかっている。往復の交通費まで含めると5万円は払っているはずだ。

「こういう事情で定期性の預貯金を下ろして医療費の足しにせざるを得なかった。1口当たり20万円とか30万円の小口のもので、積立定期とかボーナス時に天引きしたりしてコツコツ貯めたのですが、使うのは簡単だった」

医療費に加えて生活費の補填で更に蓄えを吐き出すことにもなった。

「わたしは建設資材会社に勤めていまして、病気で休職するまでは営業を担当していました。退院後も2ヵ月間自宅静養してから復職したのですが、担当業務が変わりまして。これで月収も減ったわけです」

会社は体調をおもんぱかって、時間が不規則で長時間勤務になることもある営業から外し、工場の庶務課に異動となった。会社の温情には感謝しているが収入が減ったのは痛い。

「営業部にいたときは営業職手当が月に4万5000円出ていたのですが、内勤に異動したのでこれがなくなったわけです。年間にしたら54万円でしょ、大きい金額だと思います」

今いる部署はそう忙しくはなく、残業はほとんどない。そのうえ働き方改革で全社を挙げて労働時間を減らそうとしているので残業代をあてにすることはできない。

「会社の業績も芳しくなく、賞与の支給額も3期連続で減り続けていましてね。この冬も前年比減が決まっています。業績が良かったときと比べると年間で30万円ほどの減額になります。月給の減額分と合わせたら今年の年収は4年前から85万円の大減収です。頭がクラッとする」

特に心配なのは住まいの維持費。25年前に建売り住宅を買ったのだが、毎月のローン返済額と年間に課される固定資産税の合計が約80万円。住まいの維持費がほとんど消えることになるから一大事なのだ。

「ボーナス時払いのお金を工面するために、また定期預金を解約しちゃいましたね」

住宅ローンはあと5年半残っている。これから先、ちゃんと払っていけるのか自信がない。たまにテレビニュースの中で取り上げられる住宅ローン破綻者のドキュメント映像を観ると、明日は我が身かと暗い気持ちになってしまう。

「これまでは妻のパート収入で助けられていたのですが、ケガをしてからの1年間は養生していたので収入はなし。改めて妻の頑張りが大きかったんだなと思い知らされました。妻は通院でのリハビリも終了し、今はほぼ元通りに戻ったのでまた働き口を探しているのですが、このコロナ禍ですから簡単には見つからないみたいです」

以前から奥さんはフルタイムの短期やパートタイムで就労していた。2月半ばから3月半ばまでは、派遣会社経由で確定申告の会場での案内や書類作成のアシストを、5月から10月一杯までは図書館サービス会社からあちこちの図書館に派遣され特別整理の補助、12月はデパートのギフトや正月用品の販売といった具合だ。

「年収にしたらほぼ100万円というレベルなんですが、これがあるのとないのでは確実に違う、特に精神的にもね。こんなことを言うと卑しいと思われるけど、お金は精神安定剤的な要素もあると実感しますよ」

生活を圧迫する病院代

体調もあまりいい状態ではないから余計に不安になる。

「糖尿病は一生付き合って摂生しないといけないから、これからもずっと病院通い。このところ血糖値が乱高下していてドクターから注意されちゃってね」

糖尿病に係わる医療費も安くはない。通院は毎月で血液検査と尿検査をして費用は2550円。飲み薬は1ヵ月分で2120円。2ヵ月に1度は自己注射用のインスリンと注射針、消毒用脱脂綿が追加され、これが1300円。内科クリニックと調剤薬局で年間に約6万4000円も払っている。

「糖尿病性の網膜症も心配なので眼科医院で眼底検査を年に4回受けています。これが1万2000円ぐらいかかりますから」

これだけで7万7000円近い金額だが、大学病院も当分の間は毎月通うことになっている。

「問診と血液検査が基本なのですが、2ヵ月に1度は胸部のX線写真を撮って、半年ごとに胸部から腹部にかけてのCT検査もやるので年間の総額は6万円ぐらいになります。合計したら14万円近いから大変な出費ですね。でもお金をケチったら取り返しのつかないことになっちゃいますから」

今は医療費の不安だけで済んでいるが、もしガンが再発したら命の心配をしなければならない。

「転移、再発なんてことになったらもう仕事は続けられないでしょうね。どうやって暮らしていこう、医療費はどう工面しようって考えると暗澹たる気持ちになる」

こんな状態だから、今更だが倹約して無駄遣いしないよう心掛けるようになった。

「家は購入から20年以上経ってあちこち傷んできたのでリフォームが必要なのですが、もうそんなお金は出せないからＤＩＹです。畳部屋の襖は汚れたり綻んだところがあるけどホームセンターで売っている木の葉形の補正シールで誤魔化した。網戸の破れた部分は１００円ショップで売っている補修テープを貼り付けて、それらしく見せていますよ」

食道ガンの手術後は体重が落ちてスーツが合わなくなってしまい買い換えたが、地元の西友で売っていた特売品で１着８８００円のもので我慢。

「家着はわたしも妻もリサイクル店のものですよ。このセーターなんて２００円で手に入れましたから」

カロリー制限されているうえに食べ物の好みが変わってしまったので外食することはなくなった。会社の同僚と仕事終わりに呑みに行くこともない。住まいが郊外なので車は必需品だが、維持費を考えて軽自動車に乗り換えた。しかも中古車。ガソリンは１回に２０００円分しか給油しない。親戚付き合いも冠婚葬祭や法事ぐらいなもの。とにかくすべてにおいてダウンサイジング。

「世間一般の尺度で見たら困窮しているというレベルではありませんが、だけどそれは今だけ。病気がぶり返したら一気に落ちていく……。そんなことにならないよう願うだけです」

夫婦揃って病院に長期間世話になった身としては、昔に入ったガン保険や入院保険などは見直して高度医療もカバーしてもらえるようにして、入院給付も1日1万円の保障があるようにしたほうがいいと痛感する。

「ガンは5年経って転移、再発がなければ完治したとされるそうです。わたしなんてまだ3年も経っていないから先が長い」

命あっての物種というのはその通りだと思った。

68歳、それでも働く理由

No.17

三村昭子（68歳）
出身地：神奈川県川崎市　現住所：東京都調布市　最終学歴：高校卒
職業：クリーニング取次店受付　雇用形態：非正規（パートタイマー）
収入：月収5万5000円前後、他に年金あり
住居形態：都営アパート　家賃：約1万8000円
家族構成：独身、夫とは死別。長男、長女は独立　支持政党：特になし
最近の大きな出費：炊飯器の買い換え（6780円）

定食屋の店じまい

12月の給料（11月16日〜12月15日まで）は出勤日数がいつもの月より4日多かったので6万4000円ほど。先週末にはボーナス代わりに餅代として5000円の

寸志も出たので12月分の収入は合計すると約6万9000円。

「老体に鞭売って頑張ったのですが、今年1年の給与収入は70万円に届かない。働いているといっても4時間パートで1日置きの出勤ですから」

12月分の明細書と一緒に源泉徴収票も渡されたのだが、記載されていた給与収入は約68万円だった。

「今は年金とクリーニング取次店のパート収入でどうにか暮らしています。余裕なんてありゃしませんよ。持病、生活習慣病はなく至って健康です。あっちが痛い、こっちが痛いということもありません。使ってくれるならもう少し働きたいのですが、この年齢では難しいですね」

高校を卒業して社会人になったのは72年（昭和47年）。就職したのは化学メーカーで、工場の庶務課で働いていた。

「結婚したのは28歳のときでした。相手は高校の同窓生で2歳上の人です。実家が寿司割烹店を営んでいて夫も寿司職人でした」

結婚した翌々年に独立。葛飾区内に自分の店を持って夫婦2人で懸命に働いてきた。

「商いは順調でした。夫は人付き合いも良く、新参者でしたが町内会や商店会の皆さんともいい関係で役員をやったりしていました」

商売はまあまあ。息子と娘も生まれ、それなりに充実した生活を送っていたが一気に暗転してしまった。

「89年（平成9年）の年末に夫が急死してしまいましてね。急性心筋梗塞だったのよ。元々が太り気味で血圧も高かった、だけど病院嫌いで定期的に通院して状態をチェックしたり必要な薬を飲んだりしてはいなかったんです。それが悪かったんでしょうね」

今で言う突然死で享年は46歳。これで生活が一変した。

「わたしには寿司は握れませんからね。それで業態を変えて定食屋を始めたんです。近所には中小企業、町工場がたくさんあって盛況でしたよ」

営業はランチタイムの11時から14時までと、夜6時から9時までの2部制。お酒を出して夜11時までやれば稼ぎは多くなるだろうが、1人ですべてを切り盛りするのは体力的に無理だった。

「ご飯屋は11年やりましたね。大きな儲けはなかったけど親子3人が暮らしていけるだけの収入はありました。ところがお店を閉めなきゃならなくなりまして」

店舗兼住まいは賃借だったが立ち退きを求められたということだ。

「自分の所と両隣の土地所有者が亡くなったということで、相続税を払うために売らなきゃならないということでした。管理会社経由で地主さんから連絡があり、2ヵ月後には買ったデベロッパーの人が来て6ヵ月以内に退去してくれと言われました」

デベロッパーの言うことは半年前通告というもので法的に問題なし。預けていた敷金と僅かな立退き料で出ていかざるを得なくなった。

年金暮らしをパートで補う

「閉店して墨田区に引っ越したのは08年の秋です。働かなきゃ食べていけないから初めてハローワークに行きましたよ」

時代はリーマンショック直後で失業率が悪化していたが、調理技能があることが助けになって給食サービス会社に入ることができた。

配属されたのは大手町にある某大手企業の社員食堂、賃金は日給月給制。月収は時間外分と若干の手当を合わせて平均すると18万円ほど。

「6月と12月には慰労金も出ました。だけど年収はずっと240万円～250万円というレベルでした。それでも社会保険に加入できたのはありがたかったですよ、自営業者は社会保障が薄かったから」

この給食サービス会社の定年は60歳だったが65歳まで契約社員で働き、その後の2年2ヵ月も1日4時間勤務のパートで働き続けた。

「パートのときは時給1100円という条件でした。だけど新しく入ってきてもすぐに辞める人がいたり、本人の病気やケガ、家族の介護などで休む人が多かった。その穴埋めがかなりあったので月収は10万円前後になる月もありました」

今やっているクリーニング取次店のパートに転職したのは再度引っ越したから。

「運良く都営住宅の抽選に当選しまして。それで転居したんです」

都営住宅は募集があるたびに単身も可という区分に申し込みを続けていた。10年以上も落選続きだったが昨年の春の募集で奇跡的に当選したということだ。

「墨田区から調布市への転居でまったく知らなかった所だけど、家賃が格段に安いのが魅力でした」

都営アパートの家賃は1万8000円ほど。以前住んでいた墨田区のアパートは1DKで5万3000円だったから3分の1ほどで済む。これで楽になった。

「だけど土地勘がまったくない所だから半年ぐらいは戸惑いましたね。迷子になっちゃったこともあるのよ。でも物価は安いし静かな所だから暮らしやすいですよ」

その一方で通勤は無理だった。まず私鉄で新宿まで出る、次に地下鉄に乗り換えて大手町へだと1時間20分ぐらいかかる。それにパートの交通費は1出勤500円が上限なので定期券を買っても足が出てしまうというわけだ。

「コロナの影響で在宅勤務する人が増えたから社員食堂を利用する人も少なくなり、そんなに人はいらないという話も耳に入ってきました。アルバイトやパートから切られるのは目に見えていたから辞めることにしたんです」

今のパート仕事は高齢者事業団のような団体が斡旋・紹介してくれたもの。厨房で調理器具を使って立ち仕事をやるより身体は楽だ。

「今はパート収入と年金で細々と暮らしています。でも年金は少ないのよ、厚生年金と国民年金ですけど、厚生年金は現役時代の収入に連動しているでしょ。そんなに賃金の高い仕事じゃなかったし、加入期間の6割以上が国民年金だから仕方ないわよね」

生命保険会社や郵便局から個人年金の勧誘が来ていたが、保険料を払い続ける自信がなくためらってしまった。もしも月2万円、年間24万円ぐらい受給できるコースに入っていたらと思うと後悔する。

「具体的な年金額は約10万2０００円です。これにパートの5万5０００円ぐらいを加えた15万6、7０００円が1ヵ月の全収入ということになります。余裕はありませんよ、だけどこれで暮らしていくしかありませんものね」

家賃と水道光熱費、その他食費など生活にかかるお金の合計が10万円を超えないようにやり繰りしているということだ。

人との付き合いにお金は欠かせない

「パートでもらうお給金はほとんど手を付けないで蓄えに回しています。使わざるを得ないことってあるでしょ、そのときに恥をかかないようにしたいですから」

息子、娘とも都内在住で行き来は頻繁。正月には孫を連れてやって来る。ここで必要なのがお年玉。

「お年玉をくれないおばあちゃんなんて嫌でしょ。わたしだって孫たちにお年玉のひとつもあげられないのは惨めですよ」

息子のところの長女が小学校に入ったときは、奥さんの親がランドセルをプレゼントしてくれたと聞いたので学習机を贈ってやった。

「去年の秋に娘が男の子を出産しましてね。今年の端午の節句に合わせて五月人形を贈っておきました。それぐらいのことはしてあげたいんです」

ホームセンターで売っていた格安品だったが、自身の体面は保たれるし娘も喜んでくれた。これが大事だと思っている。

「親類縁者との交際にだってお金は必要ですよ。出せなかったらみっともないことがある。甥っ子、姪っ子の結婚式にお呼ばれしたら3万円は包まなきゃ格好がつかないでしょ」

弟妹には夫の周年忌で御仏前を頂戴したり、お花代を包んでもらったことがある。自分は厚意を受けているのにお返しのひとつもしなかったら罰が当たる。祝儀、不祝儀、お見舞いなどの付き合いは欠かせないものだと思う。

「近所付き合いでもお金はかかりますね。団地で暮らしていると親しくなった人から、田舎から送ってきたからとリンゴや栗をお裾分けしてもらうことがある。もらいっぱなしじゃ悪いからクッキーやどら焼きを持っていく。これって交際費だと思うのよ、いくらでもないけど」

家にいるときは地味目な衣服でいるが、仕事に行くときやショッピングセンターへ行くとき、病院に通うときは華美でなくとも清潔感のあるようにしている。いい歳をしたおばさんが毛玉だらけのセーターを着ていたり、ヨレヨレで色褪せしたズボンじゃ恥ずかしい。だから、ある程度の被服費は絶対に必要だ。

息子家族、娘家族と会ったら少しは贅沢な食事もしたいし、孫にお願いされたら映画ぐらい連れていってあげたい。

「これって普通のことだと思うのよ。普通のことをするのだってお金が必要、これが現実ですよね」

このところ心配になってきたのが、自分の終わりと後始末にいくら必要なのかということ。孤独死は嫌だけど長患いも困る。

「お葬式もお金がかかるみたいですね。たまに新聞の折り込みで葬儀屋さんのチラシが入っているのですが、中程度の祭壇でも50万円ぐらいでした。火葬の費用も千差万別で、夫は都営の火葬工場でお骨にしたのでいくらもしなかったけど、民間の火葬場は部屋のランクが分かれていて料金が違うって話です。お坊さんだって30万円ぐらいのお布施を包まないと寝言みたいなお経しかあげてくれないらしい」

通夜振る舞いの料理やお酒がみすぼらしかったら恥ずかしい。そんなことにならないよう80歳まで加入できて葬儀代を賄える小口の生命保険に加入した。

「保証額は100万円。それだけあれば人並みのお弔いができるでしょ。受取人は息子で後始末はよろしくって頼んであるんです。息子も娘も縁起の悪いことをって嫌な顔をしていたけど、そのときになってあたふたしたりお金で迷惑かけたくないですから」

働けるうちは働いて収入を得る。無駄使いは避けて残せるものは残す。

「とにかく子どもたちの負担になることは避けたいんです」

慎ましくてもきれいに人生を終わりにしたいだけなのだ。

◎生活再建のためのサポート

諸々の支援制度

諸般の事情によって生活が困窮した場合、自分の力だけでは解決できないこともある。そんなときは国や地方自治体、その他の機関が実施している支援、助成制度を利用することをお勧めする。施しは受けないとか行政の世話になるのは嫌という人もいるが、利用できるものは利用して生活を立て直すことを第一にするべきだ。ここでは、具体的にどのような制度があるかをいくつか紹介していこう。

住宅確保給付金

失業、休業などの理由で住む場所を失う可能性がある場合に家賃を支給してもらえる。条件は、失業してから2年以内か失業したのと同程度に収入が減少していること、直近の世帯収入（月額）が一定額を超えないこと、世帯の貯金額が一定額を超えないこと、ハローワークへ通うなど求職活動をしていることなど。
東京23区の収入基準（月額）、資産基準、支給上限額は次の表のとおり。

	収入基準	資産基準	支給家賃上限額
単身者	13万8000円	50万4000円	5万3700円
2人世帯	19万4000円	78万円	6万4000円
3人世帯	24万1000円	100万円	6万9800円

傷病手当金

病気やケガで長期間休んだときに受けられる制度。健康保険組合、協会けんぽなどの健康保険に加入している人が対象。国民健康保険加入者は申請することができない。傷病手当は会社経由で健康保険組合に申請すると支払われるが、休んでいる期間が3日だと不可で支給の対象になるのは4日以上休んだ人。

受け取れるのは1日あたりの平均給与の3分の2相当額。平均標準報酬額9000円の人が60日休んだとすると、9000円×2／3×（60－3）＝34万2000円。ただし支給される期間は1年6ヵ月まで。

精神医療給付金

国民健康保険の加入者で、通院で精神医療を受けた場合、一部負担金（医療費の10％か負担上限額）がかかる。ただし、自立支援医療受給者証の交付を受けている者で、同一世帯の国保加入者全員が住民税非課税であれば申請により国保受給者証（精神通院）が交付され、一部負担金が免除される。

介護休業給付

介護によって雇用保険加入者が家族の介護のために休業する際に、一定期間の給与の一部が支給される仕組み。雇用保険の制度なので雇用保険に入っていない人は対象外。介護休業給付は賃金日額の67％×休業日数分を要介護となった家族1人ごとに1回通算93日まで支給してもらえる。

仮に賃金9000円の人が介護で最大日数の93日介護休業を取得したとすると、（9000円×67％）×93日間＝56万790円。

高年齢雇用継続給付

年齢が高くなったことで賃金が減額されたときにその一部が補填される制度。雇用保険の一般被保険者であることなどの条件を満たすと利用できる制度で、60歳以降65歳になる前日まで賃金の一部に相当する金額が支給される。

60歳以降の賃金が前6ヵ月の平均金額と比べて75％未満となる場合、低下した割合に応じて7万9710円から47万8500円の給付が受けられる。

教育訓練給付制度

宅建士、介護福祉士、管理栄養士、通関士、FPなど就職や転職する際に持っていれば有利になったり、特定の仕事を行ううえで必要な資格があるが、こうした資格を取得したり技術を身につけるためにかかった費用の一部を雇用保険から給付される制度。

教育訓練給付制度は一般教育訓練給付、専門実践教育訓練給付、特定一般教育訓練給付の3種類あり、一般教育訓練給付は対象となる講座を受講し、修了すると10万円を上限に受講料の20％が支給される。

専門実践教育訓練給付は教育訓練にかかった費用の50％（年間上限40万円）が支給され、更に資格取得後1年以内に雇用された場合は追加給付20％を合わせた70％（年間上限56万円）が支給される。

高額療養費制度

医療費に関係するもっともポピュラーな補助制度。健康保険組合、協会けんぽ、国民健康保険など健康保険に加入している人が利用できる制度。

高額療養費制度を利用すると1ヵ月に一定金額を超える医療費を負担した場合に超過した分を払い戻してもらうことができる。

後から払い戻してもらうのが基本だが、事前に加入している健康保険に対して限度額適用認定証の交付を申請すると、窓口での支払いを自己負担額までにとどめることができる。ただし、入院時の食事代、おむつの費用、差額ベッド代などは対象外。

70歳未満の人の高額療養費の区分は、次ページの表のとおり。

所得区分	限度額	多数回
901万円超	25万2600円+(総医療費-84万2000円)×1%	14万100円
600万円超901万円以下	16万7400円+(総医療費-55万8000円)×1%	9万3000円
210万円超600万円以下	8万100円+(総医療費-26万7000円)×1%	4万4400円
210万円以下	5万7600円	4万4400円
住民税非課税世帯	3万5400円	2万4600円

※所得金額は総所得金額等から基礎控除（43万円）を差し引いた額。多数回は同じ世帯で診療月の前11ヵ月間に、すでに3回以上高額療養費の支給を受けている場合、4回目の診療月は多数回該当の限度額となる（参考資料：おおたの国保、大田区国保年金課発行冊子より）。

葬祭費支給制度

葬祭費補助制度は国民健康保険、後期高齢者医療保険、健康保険の被保険者が亡

くなったときに、葬儀、埋葬を行った人に支給される給付制度。支給額は市区町村や加入している健康保険によって異なるが、国民健康保険の場合、東京23区は一律に7万円。神奈川県、千葉県、埼玉県は5万円。

これら以外にも市区町村単位で独自の支援、助成制度が設けられている。例えば3人乗り自転車（幼児2人同乗用自転車）や関係物品の購入、電動アシスト自転車の購入に対する補助。赤ちゃんのおむつ購入費用の支給。世帯所得が一定額以内であればランドセルを支給するなどユニークな制度を設けている自治体がたくさんある。

まずは調べてみて、自分がどの制度を利用できるのか検討していただきたい。情報を得ておくのはとても大事なことだ。

おわりに

「貧困は自己責任だ」と思っている人は多い。しかし、本編に登場した人たちに明らかな間違いや失敗を犯した人はいない。リストラやコロナ禍による失業、正社員からの転落、商いの不調など外的要因で貧困状態に陥った人ばかりだ。

本来ならこういう人たちに対して手厚い支援があってしかるべきだし、しくじっただけと蔑むようなことはしないはずだ。ところが今の日本では貧困に陥った人の事情を聞くこともせず、駄目人間、負け犬、無能者などと一方的に責めたてることがある。

なぜなら、日本では貧困になるのは悪い行いのせいだと思われているからだ。人並みの生活ができないのは当人が努力しなかったから、真面目に働かなかったから、飽きっぽくて我慢しなかったからだと見下す傾向がある。貧乏は罪を犯した罰だという意識があるのだろう。

また、あり余る財産を保有している成功者や金持ちは、いくら金があり余っていようが、それは自分の才能や努力の結果であり、困窮者に分け与える必要はないと考えている。死んでもあの世にお金を持っていけるわけじゃないのにビタ一文だって負担したくないと思っている。まるでお金中毒だ。

日本政府も外国には積極的に経済援助をするのに自国の貧困者には冷淡で、まず自助、次に共助。公助は最後の最後だと突き放している。日本という国は貧困者に対して本当に酷薄だと思ってしまう。

懸命に働いているのに低賃金から抜け出せず、生活が一向に楽にならない。正社員を目指しているが、非正規から脱出できない。収入を増やそうと時間を惜しまず働き続け、身体や精神を壊してしまった。不意の出費が重なり、とうとう蓄えが尽きてしまった。年金保険料は40年間きっちり払ったのに、受け取れる年金だけでは生活していけない……。

貧困は悲しく、そして恐ろしいものだ。

本書を読み終えた皆さんはどのような感想を持たれただろうか？　他人事だと思ったかもしれないし、自分の境遇も同じようなものと思ったかもしれない。いずれにせよ貧困の入口はすぐそこに潜んでいる。誰がいつ登場人物と同じような状況になるかわからない。

この本が皆さんにとって貧困問題を考えるきっかけとなれば有難い。

2023年4月　増田明利

【著者略歴】
増田明利（ますだ・あきとし）
1961年生まれ。1980年都立中野工業高校卒。ルポライターとして取材活動を続けながら、現在は不動産管理会社に勤務。2003年よりホームレス支援者、ＮＰＯ関係者との交流を持ち、長引く不況の現実や深刻な格差社会の現状を知り、声なき彼らの代弁者たらんと取材活動を行う。
著書に『今日、ホームレスになった』『今日から日雇い労働者になった』『今日、会社が倒産した』『貧困のハローワーク』『今日、借金を背負った』（いずれも彩図社)、『不況!!　東京路上サバイバル―ホームレス、28人の履歴書』（恒友出版)、『仕事がない！―求職中36人の叫び』（平凡社)、『ホープレス労働―働く人のホンネ』（労働開発研究会）などがある。

お金がありません
17人のリアル貧困生活

2023年6月14日　第一刷

著　者　増田明利

発行人　山田有司

発行所　〒170-0005
株式会社　彩図社
東京都豊島区南大塚3-24-4
MTビル
TEL：03-5985-8213　FAX：03-5985-8224

印刷所　新灯印刷株式会社
URL　https://www.saiz.co.jp
https://twitter.com/saiz_sha

 ISBN978-4-8013-0650-9　C0195